Buch I

Weltdynamismus

Buch II

Vril: Die kosmische Urkraft

von Johannes Täufer

Wiedergeburt von Atlantis

Hesper-Verlag

Überarbeitete Version

Hesper-Verlag
Layout/Satz: Elisa Bell
Cover: Patrick Horn/www.horn-mueller.de

1. Auflage
ISBN: 978-3-9813262-4-6

Buch I

Weltdynamismus

Inhalt

Vorwort / Zur Beachtung!

Nachstehende Ausführungen stellen den Versuch dar, technisch nicht geschulte Interessenten in die Probleme der anbrechenden dynamischen Technik gemeinverständlich einzuführen. Die «Raumkraft-Disziplinen» sind vollkommen neu und können in diesem knappen Rahmen schultechnisch nicht eingehend erläutert werden!

Technischen und wissenschaftlichen Kreisen stehen wir jedoch gern zwecks tiefschürfenderen Aufklärungen zur Verfügung.

Hier sei noch darauf verwiesen, dass zur weiteren Information eine ergänzende Broschüre unter dem Titel:

«VRIL, die kosmische Urkraft - Wiedergeburt von Atlantis»

erschienen ist.

Reichsarbeitsgemeinschaft «Das kommende Deutschland»
Berlin, 1930.

SYMBOLE DER ZEIT.

Ein Kapitel über «Schließen» und «Schießen».

Seitdem Berthold Schwan das Schießpulver erfunden hat, steht die anschließende Kulturepoche offensichtlich unter dem Symbol der «Zerstörung». Die mehr als beklagenswerten Zustände der Gegenwart stellen vielleicht den Gipfelpunkt unserer Vorbehauptung dar. Überall sehen wir Niedergang, Auflösung und Destruktion unserer wirtschaftlichen, sozialen und wissenschaftlichen Gemeinschaftsstrukturen. Verwesungsgeruch entsteigt atemberaubend den Grüften des Verfalls und legt sich lähmend und beklemmend auf die Gemüter der Menschheit. Wir sind so ungeheuer stolz auf die Errungenschaften unserer Technik und feiert gerade hier der böse Geist der Zerstörung, seine höchsten Triumphe. Was nützt uns die kühnste Bestrebung des Menschengeistes, wenn sie restlos darauf ausgeht, alle Errungenschaften vorerst immer nur dahin zu prüfen, ob und wie sie möglichst lukrativ, kriegstechnisch verwendbar sind!

Der Mensch wird zum Sklaven der Maschine erniedrigt! Nicht allzu lange mehr dürfte es währen, und «Moloch Maschine» frisst die ihn bedienenden Menschenmassen. Amerika steht hier, wie immer, – wo es sich darum handelt, sogenannte Kulturrekorde zu schlagen, – an der Spitze. Der Taylorismus macht den Arbeiter zum stumpfen Arbeitstier, das hirn- und gedankenlos lediglich mechanische Handgriffe zu absolvieren hat. Hieraus wird bereits deutlich ersichtlich, wie sich die gefühllose und alle Denkregungen zerstampfende Apparatur zum Herrn über den «Menschengeist» aufschwingt. Der verflossene Weltkrieg hat uns in seinen grauenvollen Realitäten praktisch bewiesen, wohin unsere Maschinen- und Chemotechnik eigentlich marschiert. Über kommende Dinge soll hier nicht gesprochen werden, diesbezüglich kann sich der etwaige Interessent in jeder Zeitung informieren. Gas- und Bazillenkrieg werden uns jedenfalls anschaulich geschildert und der Teufel in schrecklicher Deutlichkeit schon heute an die

Wand gemalt. Familie, Verwandtschaftsstrukturen und Staat verfallen zusehends, überall werden die Banden gelockert, Auflösung angebahnt. Immer neue Sprengmittel befinden sich im Anmarsche, jede Erfindung wird sofort auf ihre Kriegsverwendbarkeit hin untersucht, Phosgen und andere grauenerregende Giftgase stehen uns bei einem neuen Kriege in Aussicht – kurzum, es ist eine Lust zu leben!

Die Atomphysik hat ebenfalls, vorderhand Gott sei Dank erst spekulativ, neue Wege zur Energiegewinnung angebahnt und man trägt sich allen Ernstes mit dem Gedanken, atomare Energien durch Aufsprengung der Atomgefüge freizulegen. Auch hier wird wiederum nach dem alten Rezept vorgegangen, und man will danach die Elemente «zertrümmern». Den Effekt versucht man durch Aufladung magnetischer Felder vermittelst ungeheurer elektrischer Energien zu erzielen. Das Schlussresultat, falls man überhaupt zu einem solchen gelangen sollte, dürfte wenig erfreulich sein. Auch hier kann es nur zu ungeheueren Sprengwirkungen kommen und diese Gefahr wird bereits allen Ernstes von verantwortungsbewussten Menschen gegen die Atomzertrümmerung ins Feld geführt. Blicken wir im universellen Haushalte der Natur umher, so müssen wir zugeben, dass diese mit unvorstellbaren vitalenergetischen Spannungen arbeitet, ohne den Aufbruch der stofflichen Kraftballungen vorzunehmen! Sie erreicht jeden Energieeffekt durch «Schließen» zweier verschieden geladener Potentiale und stellt uns das Geheimnis «nur Aufbau wollenden Lebens» in flammenden Lettern vor Augen!

Wenn radioaktive Substanzen, wie Uran, Thorium und dergleichen sich nach außen energetisch entbinden (entstofflichen), so spricht der Physiker bezeichnenderweise von «Alterserscheinungen der Materie», die notwendig zu einem endgültigen «Stofftod» fuhren müssen. Dennoch will man Atome «zertrümmern», also auf künstliche Weise gerade das anbahnen, was man sonst als «Sterbeprozess» ablehnt. Aufbau verlangt stets Leben! Hier befinden wir uns mitten in den Widersprüchen unserer «Notzeit». Der Tod riecht doch unseren unentwegten Materialisten wie der Teufel nach Schwefel, in die vierte Dimension –

das Land der Geister – sehnen sich nur wenige unseres glorreichen Menschengeschlechtes. Es wurde bereits gesagt, dass die Allnatur ihre Aufbauarbeit durch stetige Energie-Schluss-Effekte erzielt, normalerweise demnach keineswegs Kraftstoff (physische Materie) gewaltsam zerschlägt.

Die Gegenwartstechnik wird sich bemüßigt fühlen, sobald wie möglich im Sinne aufbauender Naturgesetzlichkeit zu arbeiten, wenn sie nicht eine Kulturkatastrophe herbeiführen will. Gegen den Strom lässt sich schwer schwimmen, gegen die Naturgesetze jedoch wird der Menschengeist stets nutzlos ankämpfen. Entweder wir treiben im Stromflusse der «Aufbau wollenden Natur» oder aber die Lebenssphinx schreitet mit gleichgültigem Lächeln über unsere Leichen hinweg!

«Schließen» muss die Devise kommender Generationen werden! Eine ganz neue Technik pocht an die Pforten unserer Zeit. Wir werden uns biotechnisch umorientieren müssen, damit wir zur wirklichen Naturbeherrschung gelangen können. «Schließen» ist das Grundprinzip jedes chemoelektrischen Elementes! Auch hier wird Kraft im Spannungsausgleich von zwei verschieden geladenen (atomgespannten) stofflichen Potentialen frei. Das Dynamo arbeitet nach ähnlichem Prinzip; die kommende rein dynamische Technik wird uns letzte Vollendung naturgesetzlich orientierter Energieerzeugung erbringen, indem sie das Potentialgefälle «Ätherspannung des Weltraumes» – «Erde» quasi zum einheitlichen Element schließt.

Als Schließungsfeld funktioniert unsere Erdatmosphäre (das magnetostatische Kraftfeld der Erde), in welcher ein «künstlicher Blitz» den Stromschluss ermöglicht. Vergegenwärtigen wir uns einen Kugelblitz, welchen wir als ein mit «kondensierter Elektrizität» aufgeladenes Elektron ansprechen können, dann haben wir eine ungeheure vitalelektrische Spannung vor Augen.

Eine solche Spannung wird in den dynamischen Kugelzellen, die als Vakuum eingerichtet sind, durch Einbau eines chemo-vitalen Schließungsleiters erzielt.

Hier sei nunmehr angedeutet, dass die dynamische Technik keine mechanisch arbeitenden Maschinen konstruiert, sondern biochemisch funktionierende, mit permanenter (akkumulierter) Elektrizität geladene, kugelförmige Elemente baut, welche durch die magnetostatische Atmosphäre hindurch von einer Sendestelle aus mit spezifischem Magnetismus angeregt werden.

Die abgezapften vitalelektrischen Energien werden ständig aus dem Reservoir aller Kräfte, dem festen Erdball, ergänzt. Die kommende Technik wird jedenfalls nur unter dem Symbol der Versöhnung unsere kulturellen und wirtschaftlichen Wunden heilen, nicht schießen, sondern liebend– schließen!

Warum die Oberth'sche Weltraumrakete nicht startete.

Der große Rummel ist vorüber. Es ist merklich still geworden im Blätterwalde und Prof. Oberth hat seine Weltraumrakete nicht abgeschossen!

Waren es finanzielle Schwierigkeiten, die im letzten Augenblick die Realisierung des mit großem Tamtam verkündeten Starts verhinderten, oder lagen doch vielleicht nüchterne Möglichkeitserwägungen vor, die vom gefassten Plane Abstand nehmen ließest? Das Projekt hatte immerhin eine ganz nette Summe Geldes gekostet – und Geld ist bei uns gegenwärtig ziemlich rar! Es kann gewiss besser angelegt werden, denn – und hier handelt es sich um eine prinzipielle Klarstellung. – Valier und Oberth haben eines außer Acht gelassen. Ihre Pläne sind auf falschen Voraussetzungen aufgebaut; nie wird eine von ihnen gebaute Rakete in die hypothetische «Leere» des Weltenraumes vorstoßen können! Warum – fragt der staunende Laie – vielleicht auch der grunderfahrene Fachmann, wenn auf diesem Gebiete überhaupt von «Fachleuten» gesprochen werden darf, denn jede Facharbeit fußt immerhin auf praktischen Erfahrungen!

Was aber besitzen wir an solchen empirischen Erfahrungen über die sogenannte Weltraumleere? Eigentlich so gut wie gar nichts! Die Physik ist sich ja bekanntlich noch nicht klar darüber geworden, als was jenes geheimnisvolle Medium –der raumerfüllende Weltäther – anzusprechen ist.

Mit «etwas» muss der Weltraum erfüllt sein, denn in einem «absoluten Nichts» könnte der Lichtstrahl, welcher von der Sonne den kreisenden Globen zugesendet wird, sich nicht fortpflanzen. Wird die Sonne als eine kosmische Energieanode (positiver Pol) aufgefasst, und dieser Anschauung dürfte sich die Wissenschaft in Zukunft zwangsläufig fügen müssen, dann emissioniert (strahlt) dieser riesige radioaktive Energiespender unausgesetzt Ionen oder Elektronen durch den Weltraum – die erst all Ort und Stelle, d. h. in den atmosphärischen Hüllen der einzelnen Planeten als «Licht» und «Wärme» in Wirksamkeit treten. Dieser ungeheure Elektronenemanation muss im Weltstoffleerraum einen Leiter haben, den wir grob aufgefasst eventuell den Kohärer (Schließungsleiter) der Radiosendetechnik analog setzen können, oder die Strahlungsenergie muss sich selbst Leiter sein, indem sie ständig ratunfüllend als Verbindung vorhanden ist. Nun behaupten die Ätherphysiker, dass ihr geheimnisvoller stofflicher Weltäther auf Grund des errechneten Weltraumdruckes, der als «thronische Strahlung» bezeichnet wurde, an «Dichte» den härtesten Stahl übertreffen müsse!

Wie schwingen da aber die Globen unabgebremst ihre Reigen um das Zentralgestirn, ja wie können sie dieses dichte Medium überhaupt durchdringen? Die mittlere Dichte aller uns bekannten Sonnentrabanten liegt ja weitaus unter der bezogenen Ätherdichte – und mit dem Kopf konnte doch noch niemand durch die Wand rennen! Dieser Äther muss aber im äußersten Extrem der Vorbehauptung absolut durchdringlich sein und aus dieser Sackgasse materialistischer Ideengänge führt kein Weg heraus!

Was erfüllt dann aber den Weltraum?

Ein «Nichts» kann es in der ganzen Schöpfung nicht geben, folglich muss auch im ewigen «Dunkel» des kosmischen Raumes ein «Etwas» vorhanden sein, welches höchstens «stofflich» bezogen als relatives «Nichts» angesprochen werden darf! Nun hat der bekannte Wiener Physiker und seinerzeitige Präsident des österreichischen Ingenieur- und Architektenvereins, Prof. Joseph Klaudy, in seinem Werk «Der dimensionale Weltenbau» ein neues Axiom geprägt, welches da postuliert:

«Raumbeherrschend ist die Energie, raumbesitzend aber die Materie» Der Weltraum wäre demnach ein unvorstellbarer Energiespeicher von ungeheurer Spannung, die dem einseitig materialistisch orientierten Physiker eben nur als «Dichte» vor Augen steht. Nachdem vom Materialisten «Dichte» mit «Masse» stets gleichgesetzt wird, ist das denkerische Schlussresultat «härter als dichtester Stahl»!

Und nun ein kleines lehrreiches Beispiel aus dem universellen Lehrsaal der Natur!

Die «Kerzenflamme» ist jedermann bekannt. Durch «Wärmeaufladung» (Induktion) des Brennkörpers (Anzünden des Dochtes) wird der biochemische Brennprozess eingeleitet. Die entstellende Flamme schwebt dann in der sie umgebenden atmosphärischen Luft, sie ist demnach leichter als das sie umspannende stoffliche Medium! Gleitet man nun mit einem Finger durch die Flammenbreite, nimmt man gefühlsmäßig deutlich einen «Widerstand» wahr; der Flammenraum ist also dichter als die Luftumwelt.

Rein materialistisch-stofflich erklärt, müsste die Flamme, da schwerer als die Luft – vom Dochte abhängen – nach unten brennen! Sie schwebt jedoch! Der Flammenraum ist eben auch ein Stoffleerraum, energetisch aber erfüllt und gespannt. Die Schlussanwendung in Analogsetzung des «stoffleeren Weltraumes» möge der geneigte Leser selbst ziehen!

Wir haben im Ätherraum demnach eine ungeheure energetische Ladung – gleich «Füllung» und «Spannung» – vor uns! Diese «Ladung» ist als reine «Spannung» nach den Gesetzen der stofflichen Polarität apolar, d.h. gleichpolig-abstoßend zu denken. Als Stoffleerraum funktioniert der stoffleere Kraftraum den Stoffballungen (Planeten) gegenüber aber als «Vakuum» ansaugend. Als banales Analogon sei uns die Nennung des Staubsaugers gestattet! Da wir nach den Erkenntnissen der Atomphysik aber gezwungen sind, «Stoff» auch nur als «Energiebindung» in bipolarer Wirkung ansprechen zu müssen, so haben wir in «Energieballung» (-Stoff!) eben die korrespondierende Komponente zum «Kraftraum» – also gebundene (latente) «Raumkraft» vor Augen. Diese beiden Komponenten lassen sich dann energetisch wirksam, funktionell vertauschen – d.h. dynamisch bezogen, ist im Vakuum eben primär «Raumkraft» zuhause, welche den stofflichen «Kraftraum» als Sekundärfaktor absolut durchdringend – im «Zweitakt» biodynamisch Arbeit leistet. Diese Arbeit steht uns im physischen (stofflichen)«Leben» zur Beurteilung anheim!

Atmung ist Leben! Atmung ist «Zweitakt»! ... Aus –Ein – Aus – Ein ... in endloser Folge! Atmung bedingt aber immer eine «Atmosphäre» – also eine «Sphäre» (Kugelraum), die stets zwei energetischen Potentialen (Spannungsgefälle) zwischengeschaltet ist, und dann als federndes modulationsfähiges «Spannungsfeld» Leben im physischen Sinne überhaupt erst ermöglicht. Jede Atmosphäre ist eine «Sprungmatratze des Lebens» und wo eine solche nicht vorhanden ist, da bricht sich eben stoffliches (physisches) Leben stets den Hals. Das Resultat ist dann physisch bezogen immer lebenstot! Diese Atmosphäre finden wir in allen Grundeinheiten kraftstofflicher Bindungen. Der Leser darf in weiterer Folge nicht missverstehen wollen – hier kann nur «geisteswissenschaftlich» in Analog Setzungen vorgegangen werden; es müssen also die folgenden Ausführungen als derartig «reine Analoge» verstanden werden!

Betrachten wir das physische Atom! Hier finden wir das «Proton» (Atomkern), welches als stofflicher Leerraum, lediglich ungeheuer energetisch geladen (gespannt) gesehen werden muss! Positiv geladen, also anodenhaft wirkend, wird es nach dein letzten Stand der Physik stofflich – aus Hydrogen (Wasserstoff) bestehend – angenommen. Das widerspricht an sich unserer Vorbehauptung vorn energetischen Stoffleerraum gar nicht! Denn der Aggregatszustand dieser Wasserstoffladung ist nach unseren privaten Forschungen ein der Gegenwartstechnik noch vollkommen unbekannter! Diese Hydrogenladung des «Protons» befindet sich eben in einem vierten Aggregatszustand – den wir eventuell als «feurig» ansprechen können. Dieses «kalte Feuer» ist nun als rein energetischer Zustand aufzufassen – und der ist jeder Geheimwissenschaft seit Urzeiten als das «hermetische Feuer» (Lebensfeuer!) bekannt. Das Atom - als Eigenwesentliches - hat demnach sein «Proton» und ein umgebendes «Elektronenspannungsfeld» – analog «eigener Atmosphäre».

Durch diese negative Lebensaktivität von katalysatorischer (stoffaufbauender) Wirkung tritt es mit der Umwelt in Beziehung. Die biologische «Zelle» hat ihren «Zellkern» und negative Lebensaktivität» «Protoplasma» (Zellflüssigkeit). Der «Zellstaat» Pflanze – Tier – und in letzter Vollendung der «Mensch» bekommt als lebensbewusst Werdendes Eigenwesen (Individuum) eine übergeordnete «Atmosphäre»; er ist in seiner äußersten Hülle – seiner spezifischen «Form» von einer «Vitalstrahlung», der «Aura» – «Odhülle» – psychischen Ausstrahlung umgeben. Diese Hülle ist geschlossen in «Eiform» (Eidolon) zu denken. Doch weiter!

Die Erde hat ihre Atmosphäre, die Sonne ebenfalls, diese erstreckt sich dann allerdings schon bis an die Grenzen ihres Systems – und so geht es weiter!

Abschließend – ohne diese spezifischen, in immer höheren Integrationen (Stufen) in die Erscheinung tretenden Atmosphären gibt es kein physisches (stoffgebundenes) Leben! Diese spezifischen Atmosphären aller Atomose (Eigenwesenheiten) stehen stets im wohl erwogenen Ausgleich mit den stufenförmig getürmten Umweltsatmosphären unter «Spannung»! Deshalb hat jedes «Eigenwesen» (Atomos) seine besondere «Lebenszoese», seinen «möglichen Lebensraum». «Spannungsveränderungen», welche über ein– je bezügliches – Maximum hinausgehen, bedeuten für das befallene «Eigenwesen» Destruktion, Aufgeben der Form (Individualität), ... eben «physischen Tod». In letzten Konsequenzen jedoch «Aufgebung des stofflich physischen Charakters» überhaupt, Dispersion (Entbindung) der bipolaren Energieballung – aus der «Erscheinung» treten – Energiewerdung! Dies um so mehr, je «stoffleerer» die Umwelt» – je energieerfüllter (energiegespannter!) das umgebende «Medium»!

Die Schwermetalle: Radium, Thorium, Uran werden kraftaktiv (radioaktiv) und «entstofflichen» (dematerialisieren sich), weil sie mit der «Umwelt» nicht mehr in urvorgesehenem «Spannungsausgleich» stehen.

Die Inder hatten das letzte Geheimnis bereits vor 6000 Jahren vorweg! Der energetische Urgott «Schiwa» ihrer Gottesdualität Schiwa-Wischnu, das Symbol des «Strahlenden», des «Stoffleerraum-Erfüllenden», – frisst alle seine Kinder– den Stoff; er ist der ewige Stoffzerstörer, dadurch aber gerade «Stoff-Erlöser»! Deshalb werden wir mit Oberth'schen Raumschiffraketen nie in den «Vakuum-Weltraum» vorstoßen können! Den kosmischen Raum-Energiespannungen ist kein «Stoff» ohne umhüllende eigene Atmosphäre gewachsen! Nur diese ermöglicht «physisches Eigensein». Dort draußen befindet sich in der Weltraumkälte recht eigentlich die «Hölle», welche jedes «stofflich Tote» verbrennt– also frisst – verzehrt! Und das ist nach unseren Vorausführungen alles, was keine – die Atmung als primären, physischen Lebensprozess ermöglichende, eigene Atmosphäre besitzt. «Kälte» ist ja lediglich Spannung, genau so, wie «Wärme», welche sich in der Unendlichkeit tangential zum einheitlichen Spannungsring schließt. Im energetischen Ausgleich dieser beiden «Pole» aber wickelt sich jeder physische zweitaktige Lebensprozess ab, wobei als Stromwender oder Kommutator eben unbedingt ein atmosphärisches Spannfeld vorhanden sein muss. Ohne diese eingebundene negative Aktivität gibt es keine Atmung – und ohne Atmung kein Leben – weil dieses erstickt, also «stecken» bleibt! Physisches Leben ist jedoch ohne «Bewegung» nicht vorstellbar!

Abschließend! Jeder Kraftstoff, also auch das Raketenraumschiff, – ohne eigene, das kraft-stoffliche Aggregat umhüllende Atmosphäre dispersiert (zersprengt) zu Energie, wie er die letzte Grenze der physischen atmosphärischen Umwelt verlässt, welche ihn vor Urzeiten ausgeboren hat. Oberth und Max Valier samt eventuellen Mitfahrern könnten den Weltraum deshalb höchstens in der vierten Dimension erleben – demnach als «Geister», die ja dort zuhause sein sollen. Hier soll aller niemandem von einer solchen Weltraumreise abgeraten werden, denn «probieren» geht ja schließlich immer noch über alles «studieren»!

Unsere Aufgabe aber muss es sein, das Weltraumschiffproblem nach neuen Erkenntnissen einer Realisierung zuzuführen! Hier sei als abschließendes Postulat gesetzt:
«Kugelraumschiff mit eigener Atmosphäre – also technische Schaffung eines kleinen Planeten mit weltdynamischem An- und Auftrieb!»
Wird dies möglich werden? Größtes bereitet sich jedenfalls gegenwärtig in der Welt– besonders aber in Deutschland vor!

Das Geheimnis der Flamme.

Die Welt um uns her ist voller Wunder! Gelingt es uns mit offenen Augen durch diese Wunderwelt zu gehen, dann können wir in den einfachsten Naturerscheinungen die tiefsten Mysterien finden und enträtseln. Für den «gewöhnlichen Sterblichen» ist die Kerzenflamme eine selbstverständliche Tatsache, über die er sich wohl kaum einmal den Kopf zerbricht und doch erschließt uns dieses flackernde Licht tiefste Geheimnisse kosmischer Zusammenhänge! Zweck der folgenden Ausführungen soll es sein, dem Leser einen Einblick in die universelle Werkstätte der Natur zu geben.

Um eine Flamme zu erzeugen, bedürfen wir vor allem des Brennstoffes. Dieser steht uns dann sichtbar in der Wachs- oder Stearinmasse der Kerze vor Augen. Der Docht arbeitet als Brennstoffansauger und wenn wir durch ein brennendes Zündholz diesen zum Brennen bringen, dann laden wir Wärme auf. Diese Wärmeaufladung (Induktion) gestaltet den Brennstoff zu einem «feurig-energetischen» Zustand, der in Form der Flamme in Erscheinung tritt. Die atmosphärische Umwelt dieser Flamme kann als magnetostatisches Kraftfeld aufgefasst werden, welches beim Brennprozeß mit dem Flammenkörper derart in Wechselbeziehungen tritt, dass die negativen Elektronen des Elementes Sauerstoff (Oxygen) – gleich magnetischen Kraftfeldern weitere Induktionswirkungen im Flammenraume hervorrufen!

Nun dürfte es gewiss überraschend klingen, wenn hier die Behauptung aufgestellt wird, dass dieser sphärische Flammenraum als ein Stoffleerraum, demnach als ein reines Vakuum, angesprochen werden muss! Dieses Vakuum ist jedoch mit Kraftspannung (Energie) erfüllt und wirkt ansaugend der atmosphärischen Umwelt gegenüber. Hier haben wir in wunderbar einfacher Weise die Erklärung des stoffleeren Weltraumes vor Augen, und können alle Beziehungen zur kosmischen Weltraumvakuole daraus ableiten! Dieser stoffleere Weltraum macht unserer Wissenschaft gegenwärtig viel Kopfzerbrechen. Es ist wohl allgemein bekannt, dass man gezwungen ist, die Dichte jenes geheimnisvollen – den stoffleeren Weltraum erfüllenden Mediums, (Äther) - auf Grund von vollkommen einwandfreien Berechnungen gleich der des «härtesten Stahles» anzusetzen!

Nachdem aber die mittlere Dichte aller um die Sonne kreisenden Planeten weitaus unter der bezogenen Festigkeit des Stahles liegt, könnten sie den «Äther» auch nicht durchdringen. Wir sind vielmehr bemüßigt, diesen Äther als absolut durchlässig aufzufassen, da die Globen ja seit Äonen unabgebremst ihre Sonnenreigen schwingen. Wie lässt sich dieser Widerspruch erklären?

Unsere einseitig materialistisch orientierte Wissenschaft setzt eben den Begriff der Dichte immer gleich «stofflicher Masse». Aus dem Massenbegriff wird sonach die «Schwere» des Stoffes abgeleitet. Nach rein materialistischen Ideengängen gelangen wir dann zwangsläufig zur vorerwähnten Annahme, dass der geheimnisvolle, den Weltraum erfüllende, «stofflich» gedachte Weltäther dichter ab Stahl sein müsse!

Wie wäre es aber, wenn wir diesen Dichtebegriff rein energetisch als Spannung, die sich den stofflichen Weltgloben gegenüber als Druck (thronischer Strahlungsdruck!) äußert, annehmen würden?

Wir gelangen zu einer überraschenden Feststellung! Jeder Flammenraum, also auch die zum Beispiel gesetzte Kerzenflamme, schwebt in der atmosphärischen Umwelt. Das ist doch eine einwandfrei festgestellte Tatsache. Die Flamme ist leichter als die Luft, sonst müsste sie ja nach unten brennen! Gleitet man mit befeuchtetem Finger durch eine Flammenbreite, so nimmt man deutlich gefühlsmäßig einen Widerstand wahr. Das den Hohlraum erfüllende Medium ist somit rein materialistisch-stofflich aufgefasst dichter (schwerer), wie die umgebende Luftumwelt. Hier stehen uns dieselben Widersprüche vor Augen, wie wir sie bezüglich des hypothetischen Weltäthers gefunden hatten!

Der Flammenhohlraum ist als Stoffleerraum (Vakuum) energetisch gespannt aufzufassen und diese Spannung täuscht uns eben nach materialistischen Ideologien stoffliche Dichte vor. Doch weiter! Das Flammenvakuum ist als ein sich in energetischer Spannung befindender «Kraftraum» anzusprechen, an dessen Umkreis «Raumkraft» aus der –diesen Stoffleerraum umgebenden Stofflatenz (Bindung) durch Induktion (Aufladung von Wärme) erregt werden kann. Derart ist «Kraftraum» dem positiven – «Raumkraft» dem negativen Potential (Kraftgefälle) eines elektrodynamischen Aggregates (Dynamo) gleichzusetzen. Das magnetostatische Potential (beim Dynamo der «Stator») ist das negative Elektronenspannungsfeld des Sauerstoffatomgefüges der Atmosphäre, weiches die Saugumwelt des Flammenvakuums bildet! Dieses erregt im Flammenkraftraum die positiv zu denkende Energiespannung vitalelektrisch und es kommt zur Aktivierung des «Stromflusses».

Die Potentialdifferenz (Spannungsunterschied) «Kraftraum – Raumkraft» (energetischer Leerraum – stoffliche Atmosphäre) wird stromgeschlossen, das «Wesen» dieses Schlusses tritt sodann im Aufleuchten der Flamme sichtbar in Erscheinung – ins «Leben». Demnach ist rückbezüglich alles «Leben» nur als «Lichterscheinung» (Lichtgeschehen) aufzufassen. Am unteren Ende der Flamme, dem Kraftstoffansauger (Docht!) müssen wir rein technisch gesprochen, den Anodenpol (positiv) eines elektrodynamischen Aggregates suchen. Die Flammenspitze jedoch ist als reine Kathode (negativ) von katalysatorischer (stoffaufbauender) Wirkung zu betrachten. Nun reagiert ja bekanntlich alles positive, chemisch bezogen, als Säure (Sauerstoff) auf Lackmuspapier rot, während der negative Pol, chemisch ausgedruckt, die Base – blaue Lackmusreagens ergibt. Es ist gewiss bezeichnend, dass wir bei der Kerzenflamme einwandfrei dieselben Analogie feststellen müssen. Der Dochtpol schimmert im rötlichen Lichte als positive Anode, während die Flammenspitze, gleich negativer Kathode, im bläulichen Scheine aufleuchtet. Nun wird es auch erklärlich, warum die Flammenspitze «rußt». Dort haben wir eben den Katalysator zu suchen, der im biochemischen Brennprozess – rein stoffauf- bauend wirkend – Kohlenstoff (Ruß) erzeugt! Wir haben in jeder Flamme ein biodynamisch arbeitendes Aggregat vor Augen gestellt. Die Rotation («Rotor») – die mechanische Umdrehungsanregung beim Dynamo zur Verstärkung und weiteren Aufladung des magnetostatischen Potentials (atmosphärischen Flammenumwelt) – erscheint unnotwendig, da der mechanische Impuls durch einen bio-dynamischen Effekt (den Nernst-Effekt) ersetzt wird. Die Flame ist mithin Stator und Rotor zugleich! Nernst erzielt bekanntlich durch Einbezug des Kälte- und Wärmepoles rein dynamisch einen sonst nur mechanisch hervorzubringenden Bewegungseffekt (Nernst- Lampe!). Aus der Klarstellung der biodynamisch arbeitenden Kerzenflamme ergeben sich ungeheure Perspektiven, die bei richtiger Nutzanwendung eine Heraufbringung «dynamischer Technik» schon demnächst gewährleisten!

Der Weltflaschenzug.

Mechanische oder dynamische Technik?

«Gebt mir einen festen Punkt und ich hebe euch die Welt aus den Angeln!» Kein anderer als der große Physiker und Mathematiker Archimedes, der zu Syrakus durch die Hand eines römischen Legionärs sein Leben lassen musste, hat diesen Grundsatz geprägt. Archimedes ist bekanntlich der Erfinder des Flaschenzuges. Dieser Flaschenzug arbeitet nach dem Prinzip des ungleicharmigen Hebels und dürfte in seiner physikalischen Wirkungsweise dem geneigten Leser wohl noch aus der Schulzeit her bekannt sein. Theoretisch wäre es ohne weiteres möglich, durch das Ineinanderschalten von unzählig vielen Rollen tatsächlich eine ungeheure Zugwirkung erzielen zu können. Nun besteht aber ein solches Aggregat aus zwei Endrollen, welche unbedingt an zwei fixierte Bezugspunkte eingehängt werden müssen, worauf eine Zugwirkung erfolgen kann. Archimedes war sich als großer Denker gewiss dessen bewusst, dass er den Erdball mit Hilfe des geschilderten mechanischen Apparates nicht aus den Angeln zu heben vermochte, denn es erscheint praktisch unmöglich, die bereits angeführten notwendigen beiden stofflichen Bezugspunkte im kosmischen All zu finden!

Da man auf dem Erdpol diesen Zughaken wohl kaum einzubauen vermag, und den Sonnenbezugspunkt noch viel weniger herzustellen in der Lage ist, hat eben die famose Sache ihren «eigenen Haken»! Solch ein Weltflaschenzug wird ewiger Traum bleiben müssen.

Wenn Archimedes sein Postulat aber dennoch gesprochen hat, dann dürfte er vielleicht als «großer Wissender» doch etwas anderes darunter verstanden haben. Vielleicht gelingt es uns hinter die Geheimnisse seiner Ideengänge zu gelangen!»

Vor allem muss es uns auffallen, dass der «Flaschen»-Zug doch eigentlich ein «Rollen»-Zug ist! Unsere Sprache hat ihre Geheimnisse und es liegt nur an uns, hinter den Sinn der Wortsymbole zu kommen. Eine Flasche ist stets ein Hohlraum. Soll ein solcher Hohlraum Zugwirkung ausüben, dann müssen wir ihn evakuieren, d. h. luftleer machen. Jeder luftleere Raum besitzt Sogkraft. Das dürfte doch allgemein bekannt sein! Ist der Rollenzug vielleicht mit Vorbedacht zum Flaschenzug umgetauft worden? Das lässt immerhin aufhorchen! Wir wollen darum versuchen, die «mechano-physisch» gedachten beiden Bezugspunkte «kraftenergetisch» auszudeuten!

Der leere Weltraum kann als Makro-Vakuum angesprochen werden. Hier hätten wir demnach einen Bezugspunkt, welcher der stofflichen Umwelt (den Planeten) gegenüber ansaugend wirkt. Dieser kosmische Leerraum ist aber vitalenergetisch erfüllt, besitzt mithin auch die Funktion einer ungeheuren Spannung, die wir einem «Druck» gleichsetzen können. Wir müssen den zweiten noch fehlenden Bezugspunkt suchen. Nun wollen wir den Stoff (die Materie) einer Sichtung unterziehen und gelangen zum überraschenden Ergebnis, dass sich tatsächlich ein solcher energetischer Angriffspunkt in den Grundeinheiten der Elemente – den Atomen – finden lässt. Jedes Atom besitzt sein Proton (Atomkern), das nach dem letzten Stand der Atomwissenschaft positiv geladen, demnach ungeheuer energetisch gespannt gedacht werden muss. Über die wahre Zusammensetzung dieses Kraftkernes wird heute noch viel orakelt. Man stellt sich den Atomkern als eine positive Wasserstoffladung vor. Dem wäre an sich nicht zu widersprechen! Nur muss diese Hydrogenladung nicht stofflich, sondern energetisch verstanden werden. Dieser Wasserstoff befindet sich in einem feurigen Aggregatszustand, der als reine energetische Ladung vitalelektrischer Natur aufzufassen ist. Das Weltraumvakuum ist kalt! Man spricht von der Weltraumkälte und setzt den absoluten Nullpunkt bei etwa Minus 273 Grad an. Kälte und Wärme sind aber Spannungsbegriffe! Relativ kalt und warm finden wir stets nur in der Stoffwelt, da jeder Stoff als Kraftballung doppelpolige Wirkung haben muss. Den kalten Pol hätten wir nunmehr im kosmischen Leerraum gefunden, der Gegenpol «warm» muss demnach im Stoffe anzutreffen sein. Er steht uns im Protonvakuum vor Augen. Die beiden dynamischen Bezugspunkte wären mithin ermittelt! «Zu Anfang schuf Gott die Feste!» Nach materialistischen Gedankengängen kann diese Feste nur stofflich angesprochen werden – dynamisch steht uns aber eine Kraftfeste zur Beurteilung anheim. Aus dem unendlichen energetisch gefüllten (geladenen) kosmischen Leerraum ist jeder Stoff vor Urzeiten ausgeboren worden. Die biblische «Feste» ist eine Kraft- und keine Stoff-Feste gewesen. Das kann in der Schöpfungsgeschichte nachgelesen werden. Dort heißt es ausdrücklich, dass «aus einem Nichts» Sonne, Mond und Sterne stofflich geschaffen wurden. Der Schöpfer war ein «Dynamo-Techniker» und er schuf die Welt nach eigenen Prinzipien. Unsere Technik arbeitet immer nur nach materialistischen, mechanotechnischen Grundsätzen und deshalb geht ihr das wahrhaft Schöpferische vollkommen ab.

Bauen wir in unseren dynamischen Weltflaschenzug den Wärme-Kältepol ein, dann haben wir zwei feste Bezugspunkte, die aufeinander wirken können. Wir müssen dem kalten Weltraum-Außenvakuum ein warmes Innenvakuum auf der Erde zugesellen, worauf S o g = Z u g Wirkung eintreten kann. Die kommende Dynamotechnik lässt sich das angelegen sein und schafft nach vorausgeführten neuen Erkenntnissen Apparaturen, die vor allem auf den Prinzipien des kalten Makro- und warmen Mikro-Vakuum-Sogs aufgebaut sind. Die Natur um uns her arbeitet vollkommen dynamotechnisch, nirgends sehen wir Hebel und Schrauben oder rotierende Räder! Im großen Naturhaushalte wird alle Arbeit im wohlerwogenen energetischen Spannungsausgleich getätigt. Der vitalelektrische Kraftfluss gelangt stets vom höher gespannten zum untergespannten Potential zur Auswirkung. Dabei spielt der Wärme-Kälteausgleich im physischen Leben stets die erste Rolle. Physisches Leben ist ohne diesen überhaupt nicht erdenklich. Die magnetischen und elektrischen Kraftfelder können immer erst durch einen Kälte-Wärmepol aktiviert werden! Wir hätten also nach unseren Vorausführungen die beiden energetischen Bezugspunkte für unseren Weltenflaschenzug gefunden. Archimedes behält demnach mit seinem «Flaschen»-zug Recht, und es wird einer kommenden dynamischen Technik bestimmt möglich sein, die Gravitationskonstante von «Lichtgeschwindigkeit zum Quadrat pro ein Kilogramm Masse» (90 000 Billionen Meter/Kilogramm Energie!!) praktisch auszuwerten, wenn sie nach vorerwähnten Grundsätzen ihre Apparaturen biotechnisch realisiert! Wir stehen fraglos am Wendepunkt einer neuen Zeit und die Menschheit dürfte in Kürze vor der ungeheuren Tatsache stehen, kosmische Energien in unbeschränktem Ausmaße praktisch in ihrer Energiewirtschaft zur Verfügung zu haben. Und Archimedes wird vielleicht doch Recht behalten!

Der Weltapfel.

Warum durften Adam und Eva nicht den Apfel vom Baume der Erkenntnis brechen?

Wenn wir die Bibel zur Hand nehmen, und uns in den geheimen Sinn ihrer verborgenen Wahrheiten versenken, dann fällt uns vor allem auf, dass der Teufel als Menschheitsversucher in Gestalt einer Schlange das erste Menschenpaar Adam und Eva zum Genuss der Früchte des in der Paradiesmitte stehenden Erkenntnis-Apfelbaumes verführte. Da ihnen das von Gott strengstens verboten war, mussten sie die Schwelle ihrer beseligenden Urheimat überschreiten und wurden in die Öde eines leidbeschwerten Daseinsplanes vertrieben. Dieses Mysterium ist bis heute noch immer sexualsymbolisch aufgefasst und auszudeuten versucht worden.

Der tiefere Sinn ist jedoch der Menschheit verloren gegangen! Hier sei gleich zu Anfang gesagt, dass jenen Urmenschen von der göttlichen Vorsehung ein «Wissen» um den Schöpfungsplan nach dem Ratschluss unendlicher Weisheit vorbehalten bleiben sollte, da jedes Wissen «Verantwortung» – und mithin auch die Möglichkeiten eventueller Irrtümer (Sünden) – bedingt!

Weil die Urmenschen das gütige Gebot Allvaters aus eigenem Willen übertraten, mussten sie notwendigerweise auch selbst gewählte Wege wandeln und sind später reichlich in die Irre gegangen. Durch diese Feststellungen ist eigentlich das Symbol des Apfelbrechens in seiner Gänze aufgehellt und es soll nunmehr Zweck der weiteren Betrachtungen sein, letztes Licht in das Mysterium des Sündenfalles zu bringen.

Wer das Geheimnis des «Weltapfels» richtig zu enträtseln vermag, hat wahrlich die Frucht vom Baume der Erkenntnis gebrochen und vermag in die kosmischen Zusammenhänge der göttlichen Schöpfung

Einblick zu nehmen. Und nun wollen wir an Hand eines Apfels diese letzten Erkenntnisse einer Sichtung unterziehen, um zum staunenswerten Ergebnis zu gelangen, dass Gott-Natur tatsächlich im Kleinsten wie im Größten stets gleichartig schafft – und der Weltgeist nach dem Ausspruch des großen Eingeweihten Hermes Trismegistos, seinen Plan nach dem Grundsatz:

«Wie oben, so unten!» verwirklicht hat.

Betrachten wir einen Apfel vorerst rein äußerlich! Wir finden den Fruchtstengel, mit welchem er dem Mutterbaum ursprünglich verbunden war. Die Frucht hatte eine Blüte zur Voraussetzung und schlummerte zu Anbeginn im «Nichts». Der Blütenboden trug einen Blütenstempel, dessen Narbe erst befruchtet werden musste, damit sich aus dem scheinbaren «Nichts» ein Apfel gestalten konnte. – So ist die ganze Welt, insbesondere unsere Erde, vor Urzeiten als Produkt einer geistigen Blüte nach dem Willen des schöpferischen Urgeistes erst stofflich geboren, also gestaltet worden! Aus einer negativen Aktivität (Kraft-Indifferenz) heraus, die wir als die «Apfel- oder Welt- Kraft – Kathode» von stoffaufbauender (katalysatorischer) Wirkung ansprechen können, ist alles physische Leben gekommen – und immer war es die schöpferische Macht des Geistes (Logos), welche diesen Aufbau ermöglichte. Dem Stengelpol gegenüber befindet sich am Apfel die vertrocknete Stempelnarbe, welche ursprünglich «Befruchtung» herbeiführte. Primär war Fruchtboden (Kathode) und Narbe (Anode) vollkommen eins, (Apolarität, schöpferische, vitalenergetische Spannung)! Erst als das Wachstum einsetzte, entfernte sich der väterliche Pol (Narbe) vom mütterlichen Urboden (Stengel – Bipolarität jeder stofflichen Erscheinung!) und die Frucht wuchs zum immer größer werdenden Apfel heran. Diese Narbe, die wir gemeiniglich auch als «Nabel» ansprechen können, musste sich vom Mutterboden ablösen und hochwachsen, damit ein neues Wesen – eben der Apfel – in seiner spezifischen Form zu «werden» vermochte. Den gleichen Vorgang können wir ja auch beim Inslebentreten animalischer Individuen beobachten, denn der neue Sprössling (Kind) ist in dieser Weit physisch erst dann individuell eingeboren, wenn ihn das mütterliche Prinzip – der Urfruchtboden – ausstößt und «Selbstwesentlichkeit» eintritt. Doch zurück zum Apfel! Der Narbenpol ist dem Anodenpol dynamisch gleichzusetzen. Beim vegetabilen Leben bleibt die Frucht ständig mit dem mütterlichen Prinzip, dem ernähren- den und Wachstum ermöglichenden Baume – durch den Stengel (Nabelschnur!) verbunden. Durch ihn pulsen die aufbauenden Vitalenergien zum Apfelherz und schaffen die Frucht bis zur Reife. Wie wunderbar sich doch das dynamische, schöpferische Urprinzip in seinen Arbeitsmethoden immer wiederholt! Der Stengelpol – gleich Katalysator – wirkt stets im Sinne eines biochemischen Stoff-Neubildners (Ansaugers) und bewirkt tatsächlich durch diese Funktion das Heranreifen des Apfels. Dieser negative Aufbaupol stößt über die Fruchtmitte (Herz!) zur Narbe vor und findet dort seinen positiven Abschluss (Anode).

Nun nehmen wir ein Messer und schneiden den Apfel vertikal auf. Dieser Schnitt wird in der Richtung Stengel-Narbe geführt. Vor uns liegt ein zweipoliges (bipolares) Kraftfeld, dessen Kraftlinien von einer Indifferenzialzone aus (Verbindungslinie zwischen Stengel und Narbe!) gegen die Peripherie (Apfelumfang) doppelkreisförmig verstreben. Das Fruchtfleisch des Apfels führt uns dies in seinem Aufbau sinnfällig vor Augen! Immer wieder schließt sich beim fort- schreitenden Aufbau der Frucht vom indifferenten Mittel- punkte aus Wachstumkraftlinie achterschlingenförmig an Wachstumkraftlinie und wird der Apfel derartig stetig größer, bis er seine Reife erlangt hat.

Bei genauer Beurteilung des Apfel-Kraftfeldes enträtselt sich uns das Geheimnis des «Lebens» – der Vitalität! Die an sich sonst indifferente Feldmitte erscheint symbolisch aufgebrochen (differenziert) zum indifferenten (kraftinaktiven) «Süd-Nord-Außenpol» gestaltet – am Apfelumfang (Stengel-Narbenpol)! Derart arbeitet im vitalenergetischen Kraftfeld-Zentrum jeder «L e b e n s f o r m» die schöpferische Urkraft (Vitalelektrizität) von innen heraus «Lebens – aufbauend» und wir müssen die beiden differenzierten schöpferisch aktiven Pole im Apfel-Zentrum suchen. «Differenzierung der Indifferenz!» ist das Leitmotiv des souveränen schöpferisch tätigen Lebens! Dies können wir aus den Vitalkraftlinien unseres Apfelschnittbildes ablesen. Doch weiter! Innerhalb des Fruchtfleisches befindet sich das Samengehäuse, welches als Markung im Fruchtschnitt wieder einen geschlossenen kugelförmigen Raum darstellt, der sich um den Apfelmittelpunkt (Indifferenz) bildet. Wir wollen demnach die das Kerngehäuse umschließende Fruchtfleischhülle einer Atmosphäre (Atmungs-Raum) analog setzen. Ohne diese Fruchtfleischhülle könnten sich die vitalenergetisch geladenen Samenkörner gar nicht entwickeln.

Man darf mithin davon sprechen, dass diese Samen durch die Fruchtfleisch-Atmosphäre hindurch atmen, was eigentlich selbstverständlich ist, da jedes lebendig sich Entwickelnde nur durch die Funktion des Atmens zustande kommen kann. Die Samenfächer sind herzförmig angeordnet, wovon sich jedermann am Schnittbilde selbst zu überzeugen vermag. Also auch die Pulsation in ihren Wirkungselementen: auf-ab, auf-ab, (Herz-Atem) ist glyphenhaft festgelegt. Schneiden wir aber einen Apfel in der Richtung des Äquators – horizontal – auf, so finden wir die Anordnung der Samenkammern in Pentagrammform! Hier leuchtet uns das hehre Mysterium des schöpferischen Lebens abermals symbolisch entgegen und spricht in eindeutiger Beredsamkeit!

Wiederum können wir die Mittelsphäre beobachten, um welche das Fruchtfleisch ringförmig angeordnet ist (Atmosphäre). In den Samenkammern liegen die Fruchtsamen, welche das Wunder schöpferischer Neubildung beherbergen. In jedem Samenkorn pulst vitalelektrische Energie, die zum einheitlichen Schöpfungsring geschlossen – aus den Keimling den Baum und aus dem Baum die Frucht mit neuerlichem Samen entstehen lässt!

Ist es nicht bezeichnend, dass die naturbeherrschenden Atlanter zur Zeit der atlantischen Epoche eine Energie zur Verfügung hatten, die uns als «Vril» von der Geheimwissenschaft überliefert wird? Das Vril war angeblich eine Energie, weiche aus den Keimkräften des Samenkornes entbunden wurde. Das muss jedenfalls nur symbolisch verstanden werden, und die Atlanter sind eben in der Lage gewesen, die schlummernden elektrovitalen Kraftquellen der Natur praktisch in den Dienst ihrer Technik zu stellen. Hermes Trismegistos spricht vom «hermetischen Feuer», das gleichfalls nichts anderes als ein Wortsymbol für ungeheure vitale Energien darstellt.

Nun sind wir soweit, um aus den Geheimnissen der «Frucht vom Baume der Erkenntnis» in Analogen bis zu den letzten kosmischen Zusammenhängen vorstoßen zu können. Unser Erdball besitzt dieselbe Struktur, wie wir sie im vertikal aufgeschnittenen Apfel vor Augen haben. Welt – Fruchtfleisch... ist die atmosphärische Globen-Hülle! Narben und Stengelpol sind analog dem Nord- und Südpol der magnetischen Erdachse, wobei der Nordpol die Anode (positiv) und der Südpol die Kathode (negativ) repräsentiert. Aus einem «relativen Nichts» wurde vor Urzeiten – wie eingangs dieses Kapitels bereits besprochen – die physische Schöpfung unserer Welt ermöglicht. Dieses «Nichts» ist der mit psycho-physischen Energien gespannte kosmische Stoff-Leerraum, aus welchem durch den Impuls des schöpferischen Allgeistes (Logos) alle Welten in ihrer stofflichen Bipolarität geboren wurden. Hier verweisen wir wiederum auf unsere Vorausführungen!

Die Erd a t m o s p h ä r e ist im Axialschnitt gleich einem Kraftfelde mit Süd-Nordpol (Fruchtstengel-Fruchtnabel) so wie der Apfeldurchschnitt zeigte, an den beiden magnetischindifferenten Erdpolen eingezogen zu denken. Nun wird uns auch das Phänomen des Nordlichtes verständlich, welches nur in den nördlichsten – den Polen naheliegenden Breitengraden unseres Planeten beobachtet werden kann.

Schon lange hat die Wissenschaft festgestellt, dass die Atmosphäre an den Polen bedeutend dünner ist, als am Äquator. Bis wir erst in der Polarforschung bessere Ergebnisse erzielt haben, dürften diesbezüglich nähere Untersuchungen unserer Vorbehauptungen noch einwandfreier bestätigen. Am Nord- und Südpol unseres Globus stößt eben die Kraftachse aus dem energetischen kosmischen Leerraum bis dicht an die feste Erdrinde vor (s. d. Apfelgleichnis!). Diese Kraftachse stellt die dynamische Rotationsfixierung unseres Erdballes dar. In den nördlichsten Breiten wird es uns demnach möglich, in den schalenförmigen Schichtungsschnitt unserer Atmosphäre Einblick zu nehmen; daraus erklärt sich die typische, bandförmige Anordnung des Polarlichtes, welche durch den vitalelektrischen Ausgleich der verschieden gespannten atmosphärischen Schichtungen entsteht.

Je mehr wir uns von den Polen entfernen, desto weniger können wir Einsicht in die Querschichtung unserer Erdatmosphäre erlangen, weshalb Nordlichter eben nur in der Nähe der Pole zu beobachten sind.

Das Erdinnere müssen wir uns als einen schöpferischen, vitalenergetischen Spannungszustand (Samenkorn) vorstellen. Auch hier ist das Vitalfeuer (Lebensfeuer – hermetisches Feuer) eingeschlossen! Deshalb ist unsere Mutter Erde die ewig Wiedergebärende alles physischen Lebens und erweist sich auch bei ihr der Kreislauf jedes organischen Geschehens in Form von «Samenkorn, Individuum, Reife (Tod), neue Saat»! Hierbei ist stets eine schöpferische Geistmacht als übergeordneter Machtfaktor, notwendige Voraussetzung. Ohne Logos (geistschöpferischen Impuls) ist physisches Leben selbst in seinen geringsten Einheiten – vom Atom und von der Zelle an, über den Zellstaat bis zur «geistbewusst» gewordenen Intelligenz Mensch herauf, – nicht denkbar.

Abschließend wollen wir den inneren energetischen Spannungszustand unseres festen Erdballs als «glühende magnetische Ladung» bezeichnen, die dem vitalenergetischen Zustand, «hermetisches Feuer», gleichkommt. Wir können auch von einem «glühenden Vakuum» (Stoffleerraum) mit ungeheurer vitalelektrischer Spannung sprechen!
Nach unseren Klarstellungen, welche letzte Schleier verborgener kosmischer Geheimnisse gelüftet haben, wird uns nun das Symbol des «Sündenfalles» der ersten Menschen verständlich. Im selben Augenblick, als der Mensch bewussten Willens den Weg der Erkenntnis des

Schöpfungs- Geheimnisses gehen wollte (Schlangenlockung: «Ihr könnt werden wie Gott!»), war er vollkommen auf sich selbst gestellt und musste aus eigener Verantwortung heraus auch die Irrtümer dieses Erkennenwollens auf sich nehmen. Derart vertrieb er sich selbst aus dem naiven Daseinszustand paradiesischer Schauung und muss nunmehr durch eine Hölle von Erkenntnisirrtümern hindurch, schmerzvollste Erfahrungen sammelnd – den Weg zum verloren gegangenen Eden wiederfinden. Dann jedoch ist er selbstbewusster «Übermensch» von magischem und geradezu göttlich anmutendem Allwissen geworden und vermag über dem Stoff stehend, magisch – schöpferisch zu wirken!

Das Geheimnis der stofflichen Indifferenz.

Vital-elektrische Energie durch Schlagen des artesischen Kraftbrunnens in die Indifferenz.

Ungeheures will werden!

Wieder einmal hat sich ein Entwicklungs-Zeitkreis der Menschheit geschlossen und nie Geahntes soll sich verwirklichen. Zusammenbrechen Jahrhunderte alte Wissensvorurteile – und der Flammenphönix des Geistes entsteigt triumphierend dem verglimmenden Aschenbrand des Scheiterhaufens dogmatischer Schulweisheit. Schon wird es Licht im kommenden Morgen. Die Stunde uranidischer Naturbeherrschung naht!

Wir leben in einem Zeitalter sich überstürzender Erfindungen. Mehr und mehr schwindet aus den Wörterbüchern unserer Techniker das resignierende «Unmöglich!» Man gedenkt allen Ernstes das Problem der Atomzertrümmerung praktisch zu meistern, um «Kraftstoff – Energie frei zu bekommen. Stoff kann ja doch nur als «energetische Ballung» verstanden werden, das haben uns die Wunder radioaktiver Substanzen bereits eindeutig bewiesen. Doch unsere Gegenwartstechnik will sich noch immer nicht frei machen von den Fesseln ihrer rein materialistischen, mechanistischen Ideengänge. Sie arbeitet nach dem rühmlich bewährten Prinzip des Kraftstoff-Sprengers. Zerschlagen muss der ihr zur Verfügung stehende Energiestoff werden, zertrümmert und vernichtet; – die sich aus solcher Praxis ergebenden Resultate sind mehr als bedrückend. Zerstörung kennzeichnet überhaupt den Grundzug unserer Zeit. Zum Himmel schreiendes Exempel sei der Menschheit aller «Segen» unserer Technik im abgelaufenen Weltkriege!

Was soll werden? Nun, ein gewiss nicht lange auf sich warten lassender Zukunftskrieg dürfte Fürchterlichstes erweisen. Darüber wird ja in

Fach- und Tagesblättern genug geschrieben. Und hier sei endlich die verantwortungsvolle Schicksalsfrage an alle berufenen Kreise gestellt, wie sie sich eigentlich den Siegeslauf der Technik in Zukunft denken. Soll der Mensch wirklich zum Sklaven der Maschine gemacht werden? Her- ist er ja ihrer schon heute nicht mehr, in folgerichtiger Entwicklung des bisher gehandhabten Rezeptes dürfte er aber bald dem menschenmordenden Moloch «Technik» vollständig zum Opfer fallen! Neue Wege müssen unbedingt gegangen werden, um das zu verhindern.

Zunächst muss in der gegenwärtigen Energiemisswirtschaft gründlich Wandel geschaffen werden. In Anbetracht der ungeheuren Ballungsenergie, wie sie uns im Kraftstoff vor Augen steht, ist es tief betrüblich, dass wir mit den gegenwärtigen Mitteln fortgeschrittenster technischer Energieauswertung nur ganz geringfügige Resultate zu erzielen vermögen. Wir müssen uns doch einmal darüber klar sein, dass der Menschengeist zwangsläufig neue Wege wird finden müssen, wenn die gegenwärtig noch zur Verfügung stehenden Rohstoffquellen erschöpft sind. Für Kohle und Öl ist das in naher Zukunft zu erwarten. Was dann? In den weiteren Ausführungen sei ein Weg angedeutet, der uns ganz neue Möglichkeiten durch Einblicke in die Geheimnisse der energetischen Schöpfung erschließt. Wir wissen, dass unsere heutige Technik lediglich in der Lage ist, mit den Polen des bipolaren Kraftstoffes zu arbeiten.

Halten wir uns nun einen Stabmagneten vor Augen, so besitzt dieser einen kraftaktiven Nord- und Südpol. Die Mittelzone dieses Magneten ist kraftinaktiv, d. h. indifferent!

Ein solcher Stabmagnet besitzt sein magnetisches Kraftfeld und wir können die Kraftlinien an Hand von losen Eisenfeilspänen genau verfolgen. Die Kraftlinien strömen von der indifferenten Mittelzone kreisförmig nach den Polenden des Stabes. Schon aus der Anordnung dieser Kraftlinien müssen wir entnehmen, dass die indifferente Mittelzone so recht eigentlich die an den Stabpolen in die Erscheinung tretende magnetische Kraftaktivität bedingt. Das kraftverursachende Prinzip entspringt also der Indifferenz.

Wir haben in jedem bipolaren Kraftfeld den kraftverursachenden Machtfaktor im indifferenten Zentrum zu suchen, welches an sich jedoch kraftinaktiv ist, und Aktivität in der Peripherie, also den polaren Endpunkten aufweist. Die Bezüge des positiven und negativen Bindungspotentiales fußen auf der zentralen Indifferenz. Hier schlummert also die gesamte Energie, welche die Bipolarität des Stoffes bedingt und das stoffliche Gefüge dadurch zusammenhält.

Die Atomphysik erahnt bereits die ungeheuerlichen schlummerndn Energien des atomaren Stoffgefüges und es wurde auch schon eine Formel gefunden, die uns diese latente Energie vor Augen führt. Wenn wir die Atomkerne (Protonen) als energetische Ladungen ansprechen, dann kommen wir zwangsläufig zur Erkenntnis, dass die stoffliche Energie in ihren Bindungseinheiten – den Atomen – mit der Weltkraft, der sogenannten Gravitationskonstante, identisch sein muss. Newton hat die zwischen den einzelnen Weltkörpern als Masseneinheiten wirkenden Fernkräfte (die Gravitation) formelmäßig festgelegt. Ganz unabhängig von Newton kam der Physiker Coulomb im Jahre 1784 experimentell dahinter, dass sich elektrische Aufladungen in ihrer Fernwirkung genau so verhalten, wie die von Newton gefundenen Massenbezüge. Das Coulomb'sche Gesetz besagt, dass die anziehende oder abstoßende Kraft, welche zwei elektrische Teilchen (Konduktoren) auf einander ausüben, den beiden aufgeladenen Elektrizitätsmengen (Ladungspotentiale) direkt, und dem Quadrate ihrer Entfernung umgekehrt proportional ist.

Dieses Gesetz über das Verhalten von elektrischen Ladungen zueinander entspricht demnach genau dem Newton'schen Gesetz über allgemeine Massenanziehung. Daraus ergibt sich der zwangsläufige Schluss, dass das Phänomen der Materie (der Masse!) eigentlich als eine elektrische Ladungserscheinung angesprochen werden muss, dass mithin der Stoff nichts anderes als das bipolare Spannungsverhältnis zweier elektrischer Potentiale (Ladungen) darstellt. Die atomaren elektrischen Spannungsenergien sind mithin der Gravitationskraft (Weltkraft, Urkraft) gleichzusetzen.

Gelingt es uns, dem in der Indifferenzzone schlummernden energetischen Machtfaktor technisch beizukommen, dann haben wir die Gravitationskraft selbst in der Hand. Der Begriff schlummernder atomarer Energie lässt sich in die Formel: «Urenergie ist gleich Masseneinheitsbegriff mal Lichtgeschwindigkeit zum Quadrat» kleiden. Energie wird in Meter/Kilogramm, Masseneinheit in Kilogramm und Lichtgeschwindigkeit in Meter/Sekunden bemessen. Ziffernmäßig ausgedrückt, entspricht demnach ein Kilogramm Masse – etwa ein Kilogramm Blei – a t o m a r e r Kraft von 90000 Billionen Meter* Kilogramm. Das ist eine unvorstellbare Größe. Wir sehen, dass Gravitation, Lichtgeschehen und Elektrizität – in Form von elektrischen Ladungen in den Grundeinheiten des Stoffes, den Atomen, so recht eigentlich identisch sind! Um der Indifferentialzone eines bipolaren Kraftfeldes beizukommen, müsste es uns gelingen, diese Kraftindifferenz aufzuspalten, d.h. zu differenzieren. Dann hätten wir in je- dem stofflichen Bezug, soweit er uns magnetisch vor Augen steht, vier Pole, wobei die beiden peripherischen Außenpole sich zu indifferenten Polen umbilden könnten, während die in der Mittelzone differenzierten Indifferenzpole kraftaktiv würden. Um ein Wortspiel zu gebrauchen: das ganze Bestreben – geht eigentlich darauf hinaus, Kraftindifferenz zur Indifferenz-Kraft zu gestalten.

Durch die Lösung des Problems der Differenzierung einer magnetischen Indifferenz wird uns ein Vordringen zur bereits erwähnten Gravitationskonstante ermöglicht. Die Dynamotechnik ist jene Wege gegangen, die notwendig waren, um den gewünschten Effekt zu erzielen. Sie löst die Frage dadurch, dass sie einen aus zwei Halbkugeln bestehenden hohlen Kugelmagneten (sphärischen Magneten) einen Stabmagneten zupolt, der sich im Kugelhohlraum befindet und den Kugel-Nord-Süd-Pol mit einem Stabmagneten-Nord-Süd-Pol zum magnetischen Aggregat verbindet. Wird nun aus diesen eingebauten Stabmagneten die indifferente Mittelzone herausgeschnitten, dann haben wir das Problem der «Differenzierung der Indifferenz» im magnetischen Kugel-Stabaggregat tatsächlich bewältigt.

Wir erhalten an der Peripherie des sphärischen Magneten zwei indifferente Pole (Nord-Süd-Pol) und im Innern des Aggregats – zwei differenzierte Indifferenzpole am Stabmagnete. Die peripheren Kugelpole sprechen dann genau so wie unsere magnetischen Erdpole nur auf bereits polarisiertes (differenziertes) Eisen, wie es uns z.B. in der Kompassnadel vor Augen steht, an, während die zentralen «differenzierten Indifferenzpole» auch jedes gewöhnliche Eisen (indifferentes E.) anziehen! Wird dieser sphärische Magnet nun noch als Vakuum eingerichtet (luftleer gemacht), so schaffen wir hierdurch die Möglichkeit, elektropistische Energie aus der aufgeschlagenen Indifferenzzone zur technischen Verwertung an Hand zu bekommen. Wird unsere Kugel mit einem elektrischen Potential (akkumulierte Elektrizität) geladen, und der Akkumulator in seinem Stromkreis geerdet, wobei die Stromkreisschaltung erst durch Schluss der in den beiden hohlen Stabmagnetpolen eingebauten «chemischen Füllmasse» – des vitalelektrischen Schließungsleiters (Kohärer, Fritter) zustande kommt, so bedarf es hierzu lediglich nur einer spezifischen magnetischen Sendung (Anregungsimpuls) durch die «Urmaschine», um aus dem Erdkraftfeld die abgenommene Energie ständig selbsttätig ergänzen zu können.

Reichsarbeitsgemeinschaft «Das kommende Deutschland»
1930

Äonen sind auf- und abgestiegen im Zeitenlaufe der Ewigkeit und haben ihre materiellen Manifestationen gefunden. Ehe der Mensch war, war das «GESETZ». Und dieses Gesetz war die «Liebe», jene Liebe aber, weiche aus der Einheit zur Vielheit wurde, indem sie sich manifestierte und trennte um der Vereinigung willen. Das ist der große kosmische Zeitlauf, jene kosmische Liebe, die Urenergie, das Urprinzip, Atma, Gott oder wie Du es sonst nennen willst, ist gut und böse in einem.

Aus dem Schosse der Mutter-Gigantin entschleudert, wurde unsere Welt geboren als eines von vielen kosmischen Kindern. Und auch über dieser, unserer Welt steht das Gesetz der Liebe. Von dieser Welt ist unsere Erde ein Funke, geordnet im Mittel- punkt des goldenen Schnittes in der Planetenkette, und darum von besonderen kosmischer Bedeutung. In allen Entwicklungsphasen dieser Erde war und ist das eine und gleiche Gesetz, das Gesetz der Liebe.

Und auf dieser Erde wurde der Mensch. Wie tief verankert stehen wir im kosmischen Geschehen. Denn alle vorgenannten Entwicklungsphasen sind als Reflexe in dem Funken oder Fohat, dem Gott in uns, verankert, welcher die einzige und absolute Wahrheit ist. Diese Wahrheit in uns zu finden und zu erkennen ist einziges Ziel aller kosmischen und menschlichen Evolution. Diese Liebe, diese Wahrheit, ist der Wille, der Urwille, -

DIE VRILKRAFT DER ALTEN.

Dieser Wille, mein Bruder, ist in Dir als Mensch manifestiert. Manches Zeitalter hat es gegeben, in dem die Menschen nicht verstanden haben, dass Liebe gleich Wille ist. Nun wirst Du verstehen, warum «Liebe das Gesetz» ist und «Liebe unter Willen». Diese Liebe, gereinigt vom Zweck, ist weder gut noch böse. Und sie darf niemals verwechselt werden mit den Begriff, der die menschlichen Gefühle ausdrückt.

FRATER JOHANNES
1929

Buch II

Vril – die kosmische Urkraft
Wiedergeburt von Atlantis

Inhalt

An den Leser!

Lege diese Schrift nicht achtlos-zweifelnd beiseite, überdenke *zweimal*, um *verstehen* zu können, da von Deinem Entscheid das Schicksal einer *neuen* Welt abhängt!

Dein «*Ja!*» ist das Wollen der Gesamtheit - und Deutschlands Zukunft! Diese hängt vom *Einzel*wollen ab, denn *Einzel-Ich's* bilden das deutsche Volk!

Dein «*Nein!*» macht Dich mitschuldig in «*kommenden Tagen*»!

Diese Schrift ist nicht als *technische* Publikation gedacht, und wird einleitend betont, dass sämtliche technischen Behelfe zur Auswertung der «*Ur-Kraft*» konstruktiv bereits vorliegen und die Urkraft- Elemente in ihrer Wirkungsweise experimentell erprobt worden sind!

Dieses vorliegende Werkchen verfolgt daher *nicht* den Zweck, technische Mitarbeiter zu werben, die uns aber als strebende *Menschen* und «Deutsche» jederzeit willkommen sind! Das Erfassen der *technischen* Einzelheiten erfordert ein tiefgründiges Studium, und wir werden wissenschaftlichen Kreisen gern die Möglichkeit geben, sich in einer «*Volkshochschule für Dynamotechnik*» grundlegend zu informieren, wo auch unsere technischen Helfer zu Worte kommen.

Mit dieser Schrift wenden wir uns an alle *denkenden* Menschen und geben ihnen Gelegenheit, sich in kosmische Zusammenhänge zu vertiefen. Hier geht es uns jedoch vor allem um die *ethische* Begründung unserer *Forderung* nach Schaffung eines Zweckverbandes *größten* Ausmaßes zur Sicherung der Urkraft und ihrer Auswirkungen!

Atlantis.

E s w a r e i n m a l . . .

Es war einmal... !

Vor mehr als zehntausend Jahren erstreckte sich zwischen den Kontinenten Amerika und Europa ein Festland von ungeheurer Ausdehnung, das durch eine furchtbare Naturkatastrophe vernichtet wurde. Wo gegenwärtig die Fluten des Atlantischen Ozeans der rastlos nach Naturbeherrschung ringenden Menschheit ihr urewiges Lied vom Werden und Vergehen alles Irdische singen, liegt in den Tiefen dieses Weltmeeres eine grandiose Kultur begraben.

Atlantis, das sagenhafte Großreich einer uns in jeder Hinsicht weit überlegenen grauen Vorzeit, harrt der Stunde seiner Hebung aus den Wassern des Orkus. Denn wahrlich – eine selbstgeschaffene *Hölle* verschlang einst in Urtagen die stolzen Kinder dieser Vorwelt, da sie sich in gottloser Überhebung vermaßen, die ihnen vom All-Geiste in die Hand gegebene «*Lebenskraft*» zu missbrauchen! Aus jenen längst verklungenen Zeiten raunt Frau Saga das Märchen vom Untergang der Atlanter ans Ohr der nüchternen jetzigen Erdbewohner und überliefert die Geheimlehre den «Wissenden», Wunder des Könnens jener frevelnden Göttersöhne.

Es war einmal...!

So vernehmt denn die Geschichte der Vernichtung einer riesigen Kulturstätte, welche ungezählten Generationen einst Muttererde gewesen in spendender Fülle! Im Kampf ums Dasein, in Leid und Freud!

Die Atlanter hatten die All-Natur restlos bezwungen. *Sehern* war es gelungen, die letzten Mysterien der wirkenden Lebenskräfte zu durchschauen. Im immer tieferen Eindringen und Erfassen der kosmischen

Zusammenhänge des «Seienden» waren sie schließlich bis zur «*Allkraft* der Naturkräfte» vorgedrungen und vermochten es, diese *Urkraft* - das *Vril* - technisch auszuwerten! Die Geheimlehre überliefert uns heutigen Real-Menschen das *Wesen* des Vril *als die Kraft, welche aus dem Samenkorn gewonnen wurde.*

Das ist selbstverständlich nur als eine Umschreibung des wahren Sachverhaltes aufzufassen! Dem Stande unseres Gegenwartwissens angepasst, müssten wir diese Allkraft als die «*Leben*» schaffende *Ur-* oder *Vitalelektrizität* ansprechen! Vril war demnach eine «*magische*» Energie, nicht zu vergleichen mit den uns gegenwärtig in der Technik dienenden rein *physischen* Gewalten. Die Atlanter waren *psychophysische* Dynamotechniker und keine Mechano-Maschinisten, wie wir. Ihre Verantwortung für die Auswirkungen der «*Lebensenergie*» war ungeheuer groß, und zwar besonders in ethischer und moralischer Hinsicht. Dessen sind sie sich auch Jahrtausende hindurch bewusst gewesen, wobei sie unter der Führung ihres magischen Priesterkönigtums denkbar glücklich und zufrieden lebten.

Die Natur war ihnen vollständig untertan. Solange sie der «All-Mutter Natur» treu dienten und ein moralisches - auf steter Unterstützungsbereitschaft des Volks*ganzen* gegründetes Leben führten, - solange sie sittliche Würde und umfassende Liebe über alles hochhielten, fronte ihnen die Vril-Kraft als endlos Segen spendende, nie versiegende schöpferische Universal-Energie. Ein Paradies auf Erden war den Kindern der Atlantis «Heimstatt»; - bis sie ihre Würde vergaßen und die Urkraft in den Dienst der gegenseitigen Zerstörung stellten. Nun brach die Hölle über die herein!

Das Vril erschütterte die Grundfesten des ganzen Kontinents und hätte vielleicht den Erdball zertrümmert, wenn es in der göttlichen Vorsehung nicht anders beschlossen gewesen wäre. So sank denn «Atlantis» ab und das Weltmeer ergoss sich in die entstandenen Erdtiefen.

Vom eigenen Hass zerstört, stürzte die gesamte, gegen den Allgeist vermessen frevelnde Kreatur in den Rachen des Todes und die Wogen des Atlantischen Ozeans rauschen über den Stätten des Grauens ihren urewigen Sturmsang vom «*Stirb* und *Werde*».

Es war einmal...!

Staunend stehen wir Gegenwartsmenschen vor den gigantischen Baulichkeiten der ägyptischen und mexikanischen Vorzeit. Die Pyramiden erregen die Verwunderung unserer Techniker, und es erscheint unfassbar, wie es den Schöpfern dieser ungeheuren Kultbauten möglich war, die haushohen Quadern etagenförmig bis zu jenen überwältigenden Höhen aufzutürmen. Die Blöcke, aus hartem Urgestein bestehend - sind derart fugenlos ohne Zuhilfenahme eines Bindemittels (Mörtel) zusammengepasst, dass man in die Zwischenräume kaum eine feine Messerklinge einzuschieben vermag. Wir wären heute, selbst bei unserer fortgeschrittenen Technik, nur schwer in der Lage, diese Bauarbeit *maschinell* zu meistern. Dasselbe können wir bei den imposanten Kultbauten der Mayas und Tolteken in Zentralamerika beobachten. Immer wieder regt uns diese gigantische Arbeitsleistung der Urvölker zum Nachdenken an und wir können uns nicht damit befreunden, dass diese Vormenschen ihre kolossalen Markzeichen, wie sie uns in Tempelbauten, Grabstätten u. Dergleichen noch heute vor Augen stehen, ohne technische Hilfsmittel *besonderer Art* aufführten.

Die Annahme erscheint uns widersinnig, dass bei dem Bau der Pyramiden nur einfache Hebel und evtl. auch Flaschenzüge zur Anwendung gelangt sind, wenn wir uns die *Schwere* der Baublöcke vor Augen halten. Menschenkraft allein konnte da nicht am Werk gewesen sein. Hier taucht nunmehr die Frage auf, was für eine Energiequelle jenen Baukünstlern dienstbar war. Nach den Ergebnissen neuzeitlicher Geschichtsforschung müssen wir die Ägypter und Altmexikaner als die Hüter uraltesten Wissens ansprechen, die ihre Erkenntnisse aus der atlantischen Vorzeit bezogen hatten.

Die Priestermagier jener alten Kulturvölker vermochten allem Anscheine nach das Vril noch immer technisch zu meistern und hüteten ihr Geheimnis als Nachfahren der versunkenen Atlanter.

Es dürfte nach diesen Klarstellungen kein Zweifel mehr bestehen, dass die alten Ägypter, die Mayas, Inkas und Tolteken in Zentralamerika über gigantische Kräfte verfügten, um gewaltige Steine, ja ganze Felsen aus weiter Ferne anzutransportieren und in ihren Kultbauten aufzutürmen. Kapitän Campbell Bosloy hat im Jahre 1913 eine Forschungsreise durch Peru unternommen und fand dort - um nur ein Beispiel zu erwähnen - einen Stein, der rund *3000 Tonnen* wog und offenkundig aus großer Entfernung herbeigeschafft worden war. Dieser Stein war sorgfältig bearbeitet, behauen sowie zugeschnitten und wies deutlich darauf hin, dass zu seiner Bearbeitung technische Einrichtungen dagewesen sein müssen, die unsere heutigen Steinsägen an Arbeitsleistung weitaus übertrafen. Es erübrigt sich, an dieser Stelle mehr zu sagen! Es existiert diesbezüglich eine umfangreiche Literatur, aus welcher Näheres zu ersehen ist. Wir verweisen auf *Scott-Elliot*, dessen Schrift «Atlantis» nähere Daten erbringt. Außerdem schrieben *Karl Wachtelborn* und *Karl Georg Zschaetzsch* zwei Bücher gleichen Titels. Besonders verweisen wir hier noch zum Schluss auf den bekannten Gelehrten *Herman Wirth-Marburg*, der sich in der Atlantisforschung äußerst verdienstvoll gemacht hat.

Und wieder einmal hat sich ein Zeitzyklus von zehntausend Jahren zur *Einheit* geschlossen! Die Geheimnisse der verklungenen Atlantisperiode harren ihrer Entschleierung. Der Boden des Atlantischen Ozeans beginnt sich an vielen Stellen langsam zu heben, was durch Tiefseeforschungen einwandfrei festgestellt wurde. Zu Beginn des Jahres 1930 ging durch die Tagespresse ein Bericht über London, den wir hier wörtlich anführen möchten:

«Alte Stadtruinen auf einer aus dem Ozean aufgetauchten Insel! London, 28. Dezember 1929.

Einer New Yorker Meldung zufolge haben drei vom amerikanischen Marinedepartement ausgesandte Torpedobootzerstörer das Gerücht bestätigt gefunden, dass in der Nähe der zu der Bahamagruppe gehörenden Insel New Providence durch Seebeben eine neue Insel entstanden ist.

Auf der Insel, die auf keiner Seekarte verzeichnet ist, finden sich Ruinen einer alten Stadt, die eine große Anzahl Einwohner gehabt haben muss und wahrscheinlich bereits vor der Entdeckung Amerikas bestanden hat. Nunmehr wird eine wissenschaftliche Expedition vorbereitet, die diese Ruinen untersuchen soll."

Hierzu sei folgendes bemerkt:
Diese Bahama-Inseln liegen der Halbinsel Florida vorgelagert - im Bereich des Golfes von *Mexiko*. Nach alten esoterischen Überlieferungen haben wir demnach gehobenes Neuland (Hochland!) des versunkenen Kontinents Atlantis vor Augen. Die Kanarischen Inseln müssen ebenfalls als *Berggipfel* des abgesunkenen Kontinents angesprochen werden. Kommende Jahre stellen die Menschen ganz gewiss vor die Tatsache neuer Hebungen. Es bleibt abzuwarten, was die Wissenschaft auf diesen Hebungsgebieten an neuen Erkenntnissen findet. Jedenfalls sei schon hier bemerkt, dass die in dem Zeitungsbericht erwähnte Insel eine Kulturstätte beherbergt, die reichlich vor der Entdeckung Amerikas existiert haben muss. Vielleicht stammt sie sogar aus der atlantischen Urzeit.

Hier soll jedoch der Forschung nicht vorgegriffen werden. Es wurde ja bereits gesagt, dass wir allem Anschein nach viel umfangreichere Hebungen zu gegenwärtigen haben, welche die Welt in großes Staunen versetzen dürften. Ein neuer Kulturzyklus will anbrechen!

Errungenschaften des Menschengeistes aus grauer Vorzeit sollen wieder Gemeingut der Gegenwart werden. Die Vrilkraft ist wiedergefunden, die smaragdenen Tafeln des großen Herstrahlen im grünblauen Lichte heraufdämmernden Morgens uranidischer Naturbeherrschung,

und in weiterer Folge wird der Versuch unternommen, das Interesse breiter Massen für die kosmische Universalenergie wachzurufen.
Die Dynamotechnik der Atlanter harrt ihres Einbauens in das deutsche Volksganze!

Weltdynamismus.

Die gegenwärtig viele Gemüter erregende Nachricht, dass es einem kleinen Kreis von wissenforschenden Menschen gelungen sein soll, ein Problem zu lösen, welches in seinen Auswirkungen geeignet erscheint, sozial und ethisch eine glücklichere Zeitepoche anzubahnen, veranlasst uns, zu dieser epochalen Angelegenheit in der deutschen Öffentlichkeit Stellung zu nehmen. Einleitend sei bemerkt, dass der ganze Fragenkomplex vorerst vom rein geisteswissenschaftlichen Standpunkt aus angegangen werden muss, da uns leider vorläufig für das in Frage stehende Problem so gut wie alle empirischen Erfahrungsgrundlagen fehlen. Es wird deshalb darauf hingewiesen, dass die empirische Physik und ihre Vertreter leider bei Beurteilung der Stichhaltigkeit und Durchführungsmöglichkeit unserer vollkommen neuen Ideengänge nicht gut in Frage kommen können. Das soll keineswegs einen Angriff gegen die durchaus ernst zu nehmende, in Geltung stehende Wissenschaft der Physik bedeuten. Nachdem es sich aber, wie bereits vermerkt, um eine Neuerung handelt, der fast jede Erfahrungsgrundlage fehlt, muss sich die Physik hierzu ablehnend oder wenigstens vorsichtig abwartend verhalten.

Es soll nun daran gegangen werden, das Problem der Verwertung und Nutzbarmachung sogenannter 1«*Vitalenergie*» vom rein geisteswissenschaftlichen Standpunkt aus zu beleuchten. Beginnen wir vorerst mit uralten religiösen Vorstellungen und Esoterien des altindischen Kulturkreises!

In der Vedantalehre, den Upanischaden - den heiligen Büchern der alten Inder - finden wir einen Urquell ältesten Menschenweistums. Betrachten wir zunächst einmal die *Dualsetzung* des ewig zerstörenden und aufbauenden Weltprinzips altindischer religiöser Vorstellung, *Schiwa*, den alles auflösenden, zerstreuenden Raum, und *Wischnu*, das liebend erbarmende, immer wieder *bindende* Prinzip des Schaffens und steten Aufbauwillens!*) In Schiwa haben wir die zeitlos freie Strahlung einer an sich indifferenten Urkraft, eben die bereits erwähnte Vitalenergie, zu erblicken. Diese Strahlung ist die *Urgrundlage* des Lebens, denn *Leben* wird nur durch dauernde Bewegung ermöglicht. Das *Strahlungszentrum* ist überall und nirgends zu suchen, denn der Raum ist lediglich als *Auswirkung* des Prinzips Schiwa zu denken. Das *verursachende* Prinzip Schiwa muss stets *außerhalb*, besser gesagt: *frei* vom verursachten Raum, als reine Geistkraft raumlos verstanden werden. Wo der freien Strahlung irgend welcher Widerstand gesetzt wird, schafft sich sofort ein *relatives* Strahlungszentrum. *Absolut* bestehend kann demnach das Strahlungszentrum Schiwa nirgends angenommen werden. Die an sich freie Strahlung Schiwa tritt als Vitalenergie erst *dann* in die Erscheinung, und ist somit empirisch erst *dann* erfass- und auswertbar, - wenn ein Bremswiderstand - ein Hemmungsmoment - irgendwo und irgendwie gesetzt erscheint. Dieser Bremswiderstand ersteht im bindenden Prinzip *Wischnu*.

Von der *dynamischen* Seite aus betrachtet wird Wischnu hierdurch zum schaffenden Aufbaumotiv, vom *ethischen* Standpunkt aus müssen wir ihn dem Urprinzip der bindenden «All-Liebe» gleich werten. Wir haben diese widerstreitenden und sich doch notwendigerweise wunderbar ergänzenden beiden Urmotive des Weltwerdens im Kreuzsymbol ursprünglich gesetzt. Der vertikal verstrebende Längs-«balken» repräsentiert zeitlosfreie Strahlung - Schiwa! Der horizontale Querbalken, «Begrenzung», mithin In-die-Erscheinung-Tretung des aufbauenden schöpferischen Liebesmotives - Wischnu!

In die *Erscheinung* tritt das Schöpferische im *Zentrum* - dem Schnittpunkt der beiden Balken. *Dort* befindet sich ja der bereits erwähnte «Bremswiderstand», welcher die an sich indifferente Raumstrahlung «Schiwa» erst in wirkende, schöpferisch aufbauende Kraft formiert, eben verwirklicht! (*Indifferenz* in allen kraftstofflichen Bezügen wie Magneten etc.!)

Derart erscheint dann *relativ* ein Strahlungszentrum geboren. Mithin ist das einfache Kreuzsymbol gleichzeitig das Zeichen steten *positiven*

Aufbaues! Absolut notwendig ergänzen sich «Freistrahlendes» und «Bindendes», - «Unbegrenztes» und «Begrenztes», - «nicht Weilendes - Zeitloses» und «Weilendes - Zeitliches», - die Welterscheinung stets «*Auflösenwollendes*» und die Erscheinungswelt stets «*schöpferisch Bindendes*» - eben: *Schiwa und Wischnu* zur schöpferischen Kraft*einheit*! *Positiv* ist die Welt erst durch die Liebesbindung Wischnus. Nun soll versucht werden, über den Dynamismus der stofflichen Welt Klarheit zu schaffen. In der alt-indischen Vedenlehre wird uns von einer an sich freien, stets verstrahlenden «pranischen Urkraft» berichtet. «*Prana*» ist demnach vom rein *dynamischen* Standpunkt aus beurteilt mit dem religiösen Symbol Schiwa gleichzusetzen. Was die *religiöse* Vorstellung der alten Inder in von uns schon gegebener Ausdeutung verständlich macht, wird in den Esoterien der Veden, den Upanischaden, vom metaphysischen *dynamischen* Standpunkt aus beleuchtet. * Für *Schiwa* kann als christlich-religiöses Symbol «Heiliger Geist» (Logos!) – Für *Wischnu*, als «Einfleischungsprinzip», die Logos-Inkarnation «Christus» gesetzt werden!

Und dieses «Prana» ist eben eine Urkraft, ja die Urkraft selbst, mit welcher die bodenständig empirische Schul- und Erfahrungsphysik nichts rechtes anzufangen weiß. Hier fehlen ihr alle Erfahrungs*tatsachen*, die nur rein geisteswissenschaftlich erschlossen werden können!

Bis zur Atomphysik hat sich die Erfahrungswissenschaft schon durchgerungen! Weiter kann die Empirie vorläufig *nicht* gehen. Wir *wissen* heute bereits, dass die gesamte in die Erscheinung eingetretene «*Materie*» an sich eigentlich nicht vorhanden ist! Kraftschwingungen und Kraftfelder um uns her gestalten das rein sinnenhafte Stoff-Weltbild. Wenn wir «Materie» wahrnehmen, so müssen wir uns vorher erst klar werden, dass diese Wahrnehmung durch die «*Bindung*» einer *gegenpolig* wirkenden Grundkraft bedingt ist. Positive und negative Bindungen (Anionen und Kationen) als die beiden Komponenten jener Urkraft schwingen in geordneten Grundverhältnissen mit annähernd Lichtgeschwindigkeit.

Sie können also Licht, dem Schwingungsrhythmus nach, gleichgesetzt werden. Man spricht auch in der spekulativen Physik bereits von *«geronnenem Licht»* und stellt sich die Materienwelt als ein streng gesetzmäßig geordnetes - in die Erscheinung tretendes «*Lichterleben*» vor!

Freie Strahlung, «Schiwa-Prana», *gebunden* nach schöpferischen Gesetzen Wischnu´s, gestaltet eben die stoffliche Scheinwelt! Die intuitiv arbeitenden alten Inder gingen aber noch etwas weiter als unsere wissenschaftlichen Empirophysiker. *Prana*, freie Strahlung, war ihnen die an sich indifferente *Urkraft* der gesamten Erscheinungswelt. Hier haben wir auch das *Vril* der Atlanter vor Augen!

Der Atomwelt unserer modernen Relativitätsphysiker liegt nach der indischen Erkenntnis eine primäre Welt von *«Ur-Atomen»* zugrunde. Das wird vom Gegenwartsphysiker bereits geahnt.

Vorläufig wissen wir so gut wie nichts über das *Wesen* der sogenannten Atom*kerne* (Protonen), um welche die gebundenen Elektronen schwingen, besser gesagt *spannen*. Diese Uratome sind aber die indifferenten Strahlungszentren - «Schiwa» - in primärer Kraftraumbindung - «Wischnu» – und im Symbol negativ - aktiv, demnach absolut schöpferisch mit saugender und spannender Funktion! *Unser*, die Stoffwelt gestaltendes Atom ist jedoch dem Aufbau nach positiv-negativ geladen! Im Bohrschen Atommodell sehen wir nach der intuitiven Einsicht des Forschers, dass er die Elektronenschwingungen durch eine abgesperrte Uhrfeder spannend, nach außen strebend, darstellt. Nicht Attraktionskraft (Anziehung!), sondern Extension (Verstrebung) liegt der materiellen Schöpfung schon in ihren Atomeinheiten zugrunde. Schiwa auch hier! Und Schiwa- Prana wird durch Wischnus schöpferische Liebe gebunden. Das Urproblem der Schöpfung selbst!

Prana, die absolute, freie Kraft, die Grundlage des Schöpfungs-Dynamismus, hat die empirische Physik bis heute noch nicht gefunden. Dieses Prana, das Vril, die Urkraft, gleichgesetzt mit *Raumkraft*, erleuchtet aber bereits die ahnenden Hirne vieler Physiker. Der pranische Strahlungs- Dynamismus soll nunmehr vom Standpunkt einer möglicherweise schon in Kürze eintretenden praktischen Verwertung aus beleuchtet werden.

Die Menschheit muss langsam vergeistigen und sich dem Symbol der schöpferisch-freistrahlenden, liebenden Göttereinheit Schiwa-Wischnu annähern. Da wollen wir vorerst einmal auf graue Urzeiten der Menschheitsentwicklung zurückgreifen, aus welchen wir leider keine geschichtlichen Überlieferungen haben. Hier kann uns wiederum nur die Geheimwissenschaft Führer auf ungangbaren Intellektpfaden sein! Dieses Wissen ist ein *Schauen*, es erfasst das Weltgeschehen *intuitiv*, nicht intellektuell! Den Niederschlag der «Wissend-Schauenden» können wir sodann in den Geheimlehren einer Sichtung unterziehen.

Da wird verschiedentlich davon berichtet, dass das auf Erden heimische Vernunftswesen vor Urzeiten gewaltige Einblicke in die Gesetze der Natur hatte und die Natur auch ganz anders zu meistern vermochte, wie wir gegenwärtigen «Kronen der Schöpfung». Allerdings waren diese Urwesen eben schauende und keine intellektuellen Menschen! Lemurien, das untergegangene Atlantis - sind solche sagenhaften Kulturstätten. Dort hatte die Naturbeherrschung durch die daselbst lebende Menschheit ein märchenhaftes Niveau erreicht. Von den Atlanter wird uns berichtet, dass sie die *Vrilkraft* meisterten und sich dadurch von den uns bindenden Gesetzen der Natur eigentlich vollkommen unabhängig gemacht hatten. Sie sind in unseren Augen allmächtige Götter! Allerdings wird uns weiter berichtet, dass sie diese Kraft eines Tages egoistisch missbrauchten und in den Dienst menschlicher Zerstörung stellten, wodurch sie sich in der Folge der Selbstvernichtung auslieferten. Ein Menetekel auch für unsere Zeit!

Was war aber jene ominöse Vrilkraft der Atlanter anderes, als die nunmehr auch in unserer Kulturentwicklung aktuell werdende *Raumkraft*! Und hier wollen wir uns eingehender mit der *wissenschaftlichen* Seite unseres Problems befassen und - soweit als möglich auf dem Boden physikalischer Erfahrungstatsachen fußend - den Begriff der Raumkraft aufbauen.

Mechanotechnik und Bio-Dynamik.

Die gegenwärtige moderne Maschinentechnik ist mechanistisch basiert. Wir wollen uns dies ein wenig klarzumachen versuchen.

Wir haben Kraftmaschinen, welche lediglich auf mechanische Stoß- oder Druck-Kräfte reagieren. Entweder wird die reine Stoß- und Druck-Kraft direkt in Rotation umgesetzt, wie bei den Wasserturbinen und Windmotoren, oder aber, es wird vorerst irgendein Kraftstoff in einen anderen Aggregatzustand gebracht, wie bei den Dampfmaschinen und Explosionsmotoren. In ersteren Falle geht bei der Energieverwertung *ohne* Molekular-Entbindung sehr viel Kraft verloren, im zweiten jedoch wird durch Entbindung der Stoffmoleküle schon mehr Energie frei. Diese freiwerdende Bindekraft (Kohäsionskraft) wird wiederum rein mechanisch in das Drehmoment umgesetzt. Zur Erzeugung von Elektrizität benötigen wir abermals im Dynamo eine mechanische Rotation. Im besten Falle kommen mithin bei Energieumsetzung in unserer heutigen Technik nur Kraftentbindungen des Stoffes in Form von molekularen Entspannungen (Auflösungen) in Frage. Anders jedoch bei dem an den Pforten unserer Zukunft pochenden Dynamismus und der hierauf zu begründenden dynamischen Technik.

Hier wollen wir uns zunächst erst über folgendes grundlegend klar werden.

Die Schein-Materie unserer Erfahrungswelt baut sich aus einer *Dreiheit* auf. Elektronenkräfte formen Atomgefüge, Atomgefüge molekulare Verbände und diese das spezifisch Stoffliche der Erscheinungswelt. Also: *Atom, Molekül, Stoff!* Die Gegenwartstechnik verwendet zur Energieerzeugung lediglich den Stoff oder die entbundene Molekularkraft und setzt die freigewordene Energie mechanisch in Rotation um. Im *Atom* liegt das Geheimnis des Dynamismus und der dynamischen Technik verborgen. Nun wollen wir weitere Klarheit über das Wesen des dynamischen Atomaufbaues zu schaffen versuchen. Das Atom ist, wie bereits auseinandergesetzt, ein Ur-Kraft-Spannungsfeld. Bleiben wir zunächst noch auf der molekularen Ebene des Stoffes und sehen wir zu, wie es hier zu Energie- Entbindungen, demnach Kraftwirkungen kommen kann!

Verändern wir den Aggregatzustand eines Stoffes, verwandeln wir z. B. «Wasser-flüssig» in «Dampf-Gasförmig», so tritt eine *Entspannung*, weil Überspannung der *molekularen* Bindungen ein und Kraft wird frei. Hier wird also Energie durch *Ent*spannung eines stofflichen molekularen Gefüges geboren. *Ent*spannen wir die molekularen Bindungen vom Kohlenstoff *chemisch* (Verbrennung!), so wird Energie in Form von Wärme frei usf. Nun kann aber dieser Spannungszustand eines Stoffes zwecks Energierückgewinnung, durch *Über*spannung, also Überdruck, auch künstlich erzeugt werden. Wird Luft durch Überdruck verdichtet (Linde- Verfahren!), so wird sie erst *flüssig*, dann sogar *fest*. Lässt der ku nstliche Überdruck nach, wird diese komprimierte Luft wieder der normalen Umweltspannung ausgesetzt, so wandelt sie sich aus dem festen in den flüssigen und sodann in den gasförmigen Aggregatzustand zurück. An den Übergangsgrenzen wird wiederum Energie frei, da sich das molekulare Gefüge entspannt. So kann man alle Gase - Kohlensäure usw. – künstlich *über*spannen, verdichten, und dann *ent*spannen, um Kraft frei zu bekommen. Nun ist aber *jeder* Stoff auch in seinen molekularen Bindungen schon auf eine gewisse Spannung geeicht. Wird das Molekulargefüge zu sehr aufgelockert, so wird der feste Aggregatzustand eines Stoffes evtl. in einen gasförmigen überführt und die sinnfällige Erscheinungsform des spezifischen Stoffes geht dahin. Wir sehen, jede Technik arbeitet eigentlich nur mit dem Nutzeffekt unterschiedlicher Spannungsangleichungen.

Und hier setzt das Problem der Probleme von der Raumkraftauswertung - vom reinen *Dynamismus* - ein!

Als die Welt aus dem *indifferenten* Strahlungsdruck «Schiwa» und der schöpferischen Liebesbindung «Wischnu» zu den Urformen der Atome unser spezifischen Elemente *gerann* - und in der *Differenzierung* verschiedener Schwingungs- und Bindungsverhältnisse (Logos-Aggregation!) das stoffliche Weltbild gestaltet wurde, hat jedes Element-Atom seine Prägung unter ganz bestimmten Kraftspannungs- und Druckverhältnissen erhalten. So ist im Wasserstoff-, Helium- und Radiumatom das Spannungsverhältnis der gebundenen Elektronen genau festgelegt und den jeweiligen Druckverhältnissen der Umwelt in jenen fernen Schöpfungstagen angepasst worden. Durch die verschiedenen Aggregatzustände hindurch ist die stoffliche Welt dann langsam mit der Zeit heraufgekommen.

Nun ereignet sich aber jetzt schon der Fall, dass unsere Materie (die Erde) scheinbar in wieder ansteigende Umweltdruckverhältnisse (Spannungen!) hineingerät, denn Elemente, die man gewöhnlich als radioaktiv bezeichnet, beginnen bei diesem eintretenden Umwelt-*Überdruck* (Überspannung!) von selbst in die pranische Grundkraft zu zerfallen. Man kann hier bildlich von einer «Überalterung» der Materie sprechen. Der Materie-Tod tritt ein, die gebundene Urkraft wird frei, demnach strahlend, was auch hier nur als Umformung zu höheren Kraftebenen gedeutet werden muss, so wie der leibliche Tod des gebundenen stofflichen Menschen auch nur Freiwerdung des geistigen Menschen zu freierem geistigen Leben bedeutet.

Wenn wir uns diese Steigerung des Umweltdruckes je Bezug habend auf die älteren Elemente der Materie erstreckt denken, dann können wir uns das grandiose Bild einer strahlend werdenden Schöpfung im Geist ausmalen. Grundsätzlich müssen wir uns nur das Denken zu eigen machen, dass die ältesten Elemente unter dem stärksten Umweltdruck (Spannung) geballt wurden und mithin auch im Atomaufbau ihrer Protonen zum Bindungsausgleich die kleinsten Elektronenspannungen (Atomgewichte - als Sog, oder Kohäsion der Protonvakuas!) aufweisen müssen. Das Problem der strahlendwerdenden Materie, wie wir es bei den radioaktiven Substanzen empirisch feststellen können, weist uns ganz neue Erkenntnisse.

Die zukünftige Wissenschaft befasst sich gegenwärtig mit dem Gedanken: Atomverbände aufzusprengen, um derart Elektronenenergien frei zu bekommen. Auch hier ist der Dynamismus im Anmarsch. Um ein Atomaufschlagen zu ermöglichen, müssten der Technik ungeheure Energien zu Gebote stehen, da - wie bereits mehrmals bemerkt, Elektronen-Spannungen mit annähernd *Lichtgeschwindigkeit (Lichtkraft)* an den Atomkern gebunden sind. Dieser Weg erscheint also bis jetzt nur theoretisch gangbar, da die Menschheit über die notwendigen kolossalen elektrischen Ladungen nicht verfügt. Es ist auch vollkommen ausgeschlossen, dass derart Atomenergien in der Technik praktisch nutzbringend verwertbar gemacht werden können. Sollte es unseren Technikern trotzdem gelingen, die ungeheuren Ladungsenergien an Hand zu haben, um magnetische Felder durch Elektro-Induktion (Gaußaufladung!) bis zur Sprengung der stofflichen Atome anzuregen, dann wäre der *Nutzeffekt* gleich Null und würden die frei werdenden Elektronenkräfte nur eine unvorstellbare Zerstörung anrichten.

Der *zweite* Weg, Atomenergien frei zu bekommen, indem das Problem nicht energetisch (durch *Über*spannung magnetischer Felder), sondern *statisch* - durch zielstrebige *Unter*spannung der Protonvakuen bewältigt wird, erscheint unseren Physikern gegenwärtig noch ungangbar. Und doch ist hier die einzige Möglichkeit zu erblicken, Urkraft nutzbringend verwertbar zu gestalten. Und wiederum ist es die Geisteswissenschaft, welche uns auf den größten Lehrmeister aller Zeiten, die *Natur* selbst, hinweist. Warum mit Licht-Sprengenergien arbeiten, wo uns die Natur lehrt, dass eine einfache Veränderung des Materien-Umweltdruckes positive Resultate zeitigt? (s. Das Energetischwerden radioaktiver Substanzen!) Nicht *Über*spannung von Atomgefügen (Überdruck), sondern *Stoff-Umweltsdruck-Veränderung* und dadurch bedingte *Unter*spannung der Protonvakuen (Aufbruch kraftstofflicher Indifferenz im Vakuum) lautet die Parole des heraufdämmernden Dynamismus. Der Atomzerfall radioaktiver Elemente weist uns die *neue* Bahn! Nun fragen wir uns einmal, wie sich eine solche Umweltdruck-Veränderung praktisch erzielen ließe! Schaffen wir vor allem natürliche Bedingungen, so gelangen wir zum Einbau eines relativen

Raum-Vakuums, eines materiefreien Hohlraumes, in die Kraftaggregate der dynamischen Technik. Ein absolutes Vakuum ist nicht erdenklich, weil jeder stofffreie Leerraum krafterfüllt (gespannt) vorgestellt werden muss. Die freie Strahlung «Schiwa» durchdringt jedes Vakuum, deshalb können wir von einem absoluten Leerraum nur in stofflicher Hinsicht sprechen. Nun gelangen wir zur Begriffsbildung unser dynamischen *Kugelzelle*, welche als eine «künstliche Erde» bezeichnet werden kann. Unsere Mutter Erde ist nämlich ein solches Raumkraft-Aggregat im Großen. Denken wir uns den Erdball in das Kraftvakuum des Weltalls hineingestellt, dann steht uns die Muster- Raumkraftmaschine vor Augen!

Der Weltraum ist von indifferenter freier Strahlung (negativer Aktivität) energieerfüllt. Pranische Kraftstrahlung flutet um und um, will verstreben und wieder gebunden werden. An den Grenzen unseres materiellen Erdballes (einschließlich seiner Atmosphäre!) haben wir praktisch die Umweltsdruckveränderung. Dort wird das atomistische Gefüge der ältesten und leichtesten aller Elemente, des Hydrogens und Heliums, ständig entbunden, da das relative Weltraumvakuum als Umweltdruck den Elektronen-Spannungen sämtlicher Elemente nicht mehr die Wage hält und Urkrauf-Einheiten freistrahlend werden.

Die Hörbigersche Welteistheorie spricht vom «Heizen» der Sonne durch «*Eis*» (Hydrogen in energetischer Form!), so dass behauptet werden kann, die Sonne sei der Wirt, dessen Gäste (die Planeten und Monde des Sonnensystems) ihre Zeche in Form von Wasserstoff (Welteis) zahlen müssen (Entropie). Vom Weltraum-Vakuum her wird die Erde mit kosmischen Energien (Sonnenstrahlung, elektromagnetischen Wellen!) ständig angereichert. In der atomentbundenen negativ*aktiven* Indifferentialzone des Welt-Vakuums wird Raumkraft als Welt- und *spezifische* Erd- Kraft mit unterschiedlicher Transformation neu geboren (Entropie) und flutet als die uns bereits geläufige Universal-Energie, «Vitalelektrizität» (gleich Licht) zur Erd-Südpolung (Kathode) zurück. - Die entbundenen abstrahlenden *negativ*aktiven

Ionen (Kationen) des Hydrogens werden als Faktoren der indifferenten freien Raumstrahlung zu *neuen* Kraftzentren - symbolisch zu negativen Kraft-Sphäroiden gepaart. (Schiwa-Wischnu!) - und so Uratome, negative Aktivität, ständig regeneriert. Das «dynamische Perpetuum mobile» - mechanisch war es leider nicht möglich!

So bleibt die universelle All-Kraft durch Strahlung (Spannung) und Bindung (Sog) stets absolut negativ-aktiv wirkend und schafft die stofflichen Welten. Der negative Kräftepol (negative Aktivität) als spannendes Elektron in der *bipolaren* Bindung des Stoffes ist nur *scheinbar* in der «atomistischen Bindung» als *sekundärer* Materien-Baustein vorhanden und muss lediglich als ergänzende dynamische Umspannung des ansaugenden Uratom-Vakuums (Atomkern) angesprochen werden. Die Ur-Allkraft ist stets in ihrer negativen Aktivität strahlend wirksam (Schiwa!). Wir haben eine ständige Auflockerung der Atomgefüge sämtlicher – unsere Scheinstoffwelt gestaltenden Elemente zu gewärtigen , was durch die in großen Zeitläufen *variablen* Umweltdrücke der von der schöpferischen Gottesdualität geschaffenen und gesetzten Atomgefüge-Spannungen bedingt erscheint. Deshalb zerfallen jene Elemente, welche die Physik als radioaktiv bezeichnet - in freiwerdende Urkraft. «Wie oben - so unten!» Der große Eingeweihte Hermes Trismegistos behält zeitlos recht.

Eine Umweltdruck-Veränderung ist da, die Materie löst sich im spezifischen Elemente auf und wird kraftaktiv - strahlend! So dürfte sich eben unsere Scheinmaterienwelt immer ätherischer dem Stoffe nach gestalten. Zum Schluss wandelt sich alles in strahlende Kraft und die Stoffwelt ist dann *erlöst.*

Die dynamo-technischen Urkraft- Elemente.

Nun gelangen wir zur Erläuterung der Kraftaggregate dynamischer Technik!

«Eine Erde im Kleinen» - dies wurde bereits von uns angeregt! Wie wäre dieses Problem technisch zu lösen? - Analog oben!

Schaffen wir doch *unten* ein relatives Vakuum! Nach unseren Erkenntnissen wird eine stoffleer gemachte Hohlkugel (Magdeburger Kugel!) vom lastenden Luftdruck, der eigentlich spannend wirkt, nicht aneinander *gepresst*, sondern die Funktion des Vakuums zieht die beiden angepassten Kugelhälften zusammen - mit anderen Worten: jedes Vakuum wirkt seiner stofflichen Begrenzung gegenüber ansaugend! Wir sprechen dann von der *Kohäsionskraft*. Das ist anscheinend schwer verständlich, aber dennoch relativ - sehr richtig! Und hier kommen wir nochmals auf das Geheimnis des Atomkernes zurück! Der griechische Philosoph *Demokritos* hat in tiefem Erfassen bestehender Naturzusammenhänge schon vor vielen 100 Jahren das Wesen jeder kraftstofflichen Grundlage - in seiner Urform, dem Atom - vollkommen richtig erkannt. Das Wort Atom umschreibt den Begriff einer «Eigenwesentlichkeit». Demokrit sagt:

«Alles kommt nur aus bestehenden Anfängen und der Anfang im Stoffe ist ein *Atom* (Eigenwesentliches). Dieses A-T-O-M ist das Alpha und Omega, Anfang und Ende der stofflichen Welt und gebundene *Urkraft* (verdichtete Elektrizität). Ein Atom ist ein *«dichtes Wesen»*, dessen Raum *leer* ist, und dieses Wesen muss *im* Raume als Diktator *über* alle Kräfte bezeichnet werden!»

Im Proton (Atomkern) steht uns demnach ein vital-elektrisch geladener Kraftraum vor Augen, welcher als *Vakuum* der negativen Elektronenumspannung (Atmosphäre des Atoms) gegenüber *absolut* ansaugend funktioniert. Das ist die *konzentrisch* wirkende Kraftkomponente der universellen Urkraft, wie sie uns in ihrer kraftstofflichen Massenäußerung als *Schwerkraft* (Gravitation) wieder vor Augen steht. Die negative Elektronenumspannung stellt die *extensiv* gerichtete Kraftkomponente (Fliehkraft) dar! Sie hat das Bestreben, zu verstrahlen (vitale Energie) und versinnbildlicht uns den Begriff der *negativen Aktivität*. Diese beiden Kraftkomponenten - Konzentration und Extension - befinden sich im wohlabgewogenen dynamischen Ausgleich, wodurch die Bindung dieser Kraftdualität zur stofflichen Scheinphysis ermöglicht wird. Wir haben im stofflichen Atom eine Stülpung makrokosmischer Verhältnisse zu erblicken.

Das *makrokosmische* Vakuum funktioniert, wie schon mehrmals erwähnt, negativ-aktiv – den kraftstofflichen Ballungen (Planeten, Sonnen) gegenüber - ansaugend - auflösen wollend! In der makrokosmischen Vakuole befindet sich demnach das *Außen* des Atoms (die negative Aktivität, Elektronenspannung!) innen. Hier beziehen wir uns auf die Vorausführungen im Kapitel «Weltdynamismus» über das Problem Schiwa-Wischnu. Setzt sich Wischnu in begrenzenden Kraftzentren, so wird ein Mikrokosmos in die makrokosmische Kraftwelt *stofflich* (kraft-stofflich) eingeboren!

In der Makrovakuole ist die stoffliche Bipolarität mit ihrer Bindungsfunktion «negativpositiv» nicht vorhanden und doch können wir die wirkende Kraft doppelkomponente *Sog* (Zug - Konzentration - Bindung: Wischnu) und *Spannung* (Druck - Extension - Strahlung: Schiwa) auch hier in Wirksamkeit sehen. *Raumenergetisch* (Raumkraft) bezogen obwaltet in der Weltdynamik immer das apolare (spannende) Bestreben der schöpferischen Urkraft, das nur *vital* strahlend (Schiwa) ist. *Kraftstofflich* (Kraftraum) betrachtet arbeitet die Weltdynamik aber in bipolarer Funktion (Wischnu) *energie*bindend, also Scheinstoff schaffend. Stets ist die negative Aktivität in den Grundeinheiten der Materie (atmosphärische Umspannung) der primäre Faktor, welcher jede physische Lebensäußerung ermöglicht. Ohne Atmosphäre (negative Aktivitäten) ist eine Physis überhaupt nicht denkbar.

Das Atom hat seine *negative Aktivität*, die biologische Zelle als Grundeinheit des Lebens ebenfalls, beim Erdglobus tritt sie uns in Form der Atmosphäre vor Augen, im Sonnensystem müssen wir sie uns durch den äußersten Planeten begrenzt denken, in einem Zentralsonnensystem, - als Umspannung aller zugehörigen Sonnensysteme - usw., bis wir endlich zum Abschluss den ganzen Weltraum energetisch «negativaktiv» erfüllt, vital-schöpferisch arbeiten sehen. Hier angelangt, erscheint uns das All als eine durch alle spezifischen Atmosphären zurückatmende lebendige schöpferische Einheit.

In der Brust des «energetischen All-Gottes» ruht die gesamte Schöpfung. Dieser Makrokosmos atmet in sich; seine Atmosphäre liegt im Allraum, mit welchem er ja identisch ist - beschlossen. Er *hat* keine «negative Aktivität» - sondern stellt die *Ursache* (das Wesen!) dieses schöpferischen Prinzips dar. Die mikrokosmischen kraftstofflichen Schöpfungseinheiten (Atome, Zellen, Zellstaaten, Planeten, Sonnensysteme, Zentralsonnensysteme usf.) atmen *durch* den schöpferischen Makrokosmos. Wir haben hier also den Stülpungs-Prozeß deutlich vor Augen gestellt. Nur durch diese Anordnung höchster Weisheit ist physisches Leben ermöglicht worden. Die wirkenden Kräfte - Attraktion - Extension - im Kraftraume sind somit vollkommen identisch und es gibt nach unseren Vorstellungen in der Bipolarität der Materie eigentlich nur eine *quasi* (gleichsame) Doppelpoligkeit. Das ist das Geheimnis der stofflichen Welt, der in Bindung gesetzten, an sich einheitlichen, schöpferisch-göttlichen Weltkraft überhaupt! («negative Aktivität» Indifferenz) Zahlenmäßig ausgedrückt: 1 ist 2 und 2 ist eben nur eins!

Vielleicht wird dem Leser nach den Vorausführungen dieses tiefste Mysterium nunmehr doch ein wenig verständlich. Schiwa ist Wischnu und Wischnu ist Schiwa. Hier wurde der *dualistische* Monomismus, die Grundlage jeder Magie, einer dynamischen Begründung unterzogen. Dieser dualistische Monomismus gestaltet sich in der Weltphysis zum letzten Geheimnis der *Trinität*.

Der Stoff umschließt das Mysterium der göttlichen Schöpfungsdreiheit. 1 ist 2-3 - und 3-2 ist eins!

Die Dualfunktion des Kraftstoffes ist nur trinitär gewährleistet. Jede Doppelpoligkeit (2-3) hat eine Indifferenz (1) zur unumgänglichen Voraussetzung. Diese Indifferenz ist stets das Zünglein an der Wage dynamischer Welten-Harmonie. Hier liegt die Wesenheit, das schöpferische Wesen der «Kraft-Gottheit» verborgen! Aus den *Indifferentialzonen* aller kraftstofflichen Einheiten strömen die schöpferischen Impulse unserer Urkraft. Jedes magnetische Feld predigt mit seinen Kraftlinien dieses tiefe Mysterium. Kraftaktiv sind immer die peripheren *Außenpole*. Das verursachende Prinzip *ruht* in der indifferenten *Mitte*! Dort hat sich Wischnu aufbauend gesetzt (Kreuz-Symbol!). An jedem *Stabmagneten* lässt sich Vorgesagtes nachprüfen:

Um dem Wesen der *Urkraft* beizukommen, müsste es uns auch gelingen, der indifferenten *Mittel*zone stofflicher Kraft-*Ballung* negative Aktivität zu verleihen. Hier sei nochmals Hermes Trismegistos bezogen: «Wie oben - so unten!» Unser «energetischer Gott» ist in seinen mikrokosmischen Einheiten dynamisch genau so vollwesentlich gegenwärtig wie im makrokosmischen Weltbezug! Stoff ist geballte Weltenergie von ungeheurer Spannung (kondensierte Vitalelektrizität - geronnenes Licht). Ein Kilogramm dieses Kraftstoffes repräsentiert nach den letzten Forschungen der Relativitätsphysik nicht weniger als 90 000 Billionen Meter/Kilogramm an Energie (Energie = Masse x Lichtgeschwindigkeit zum Quadrat)!

Wir sprechen von einer Allgegenwärtigkeit der Gravitationskonstante, selbst in den mikrokosmischen Weltbausteinen der Materie, den Atomen und Zellen. Gelingt es der Technik daher, stoffliche Indifferenzzonen durch «Differenzierung der Indifferenz» kraftaktiv zu gestalten, so ist sie bis zur Gravitationskonstanz vorgedrungen und vermag mit *psychophysischen* Energien zu arbeiten - das heißt: vitalenergetisch-schöpferisch tätig zu sein!

Die Lehre vom *Entropie-Prinzip* (zweiter Wärmesatz), welche in jedem physikalischen Lehrbuch nachgelesen werden kann, besagt:

«Die Entropie (physische Energieverschlechterung - Wärmetod) hat die Eigenschaft, in *nicht* umkehrbaren Kreisprozessen richtungsbestimmend determiniert zum endgültigen Temperaturausgleich zu führen, da «*Wärme*» nie vom kälteren zum wärmeren Ort strömen kann (physische Komponente der Urkraft)!»

Unsere Wissenschaft nimmt vorläufig immer *nur* eine *Entropie* der Energien an, die sich derart ständig im Kreislauf unterschiedlicher Transformationen verschlechtern, wobei man abschließend beim «Kraftstofftod» anlangt. Dieser - jede Energie stetig verschlechternde Entropieeffekt hat eine bestimmte Größe, welche konstant, demnach immer gleichbleibend verschlechternd wirkend, vom Wärme- zum Kältepol vorstrebend gedacht ist. Bei jedem energetischen Transformationsprozess wirkt sich diese Energieverschiebung aus (z. B. Radiumzerfall!) und wir müssten in konsequenter Folgerung zur Annahme gelangen, dass einmal endgültiger Stofftod eintritt. Die *«Gott-Natur»* (Psycho-Physis) arbeitet aber ausschließlich in *umkehrbaren* Doppel-Kreisprozessen und gebärt derart *vitale* Energie zurück, die in Form der Ektropie *Leben und Kultur schaffend* wirksam werden, demnach «vitale Wachstumsfunktionen» besitzen (psychische Komponente der Urkraft!).

Derart wird hier die Entropie - schöpferisch tätig ektropisch zurückgeboren, die stoffliche Welt als *psychophysisches* «Perpetuum mobile» zeitlos gewährleistet!

«Ur-Kraftleben» schuf eine Stoffwelt; - Stofftod erbringt Kraftleben, Kraftleben setzt sich abermals vital-schöpferisch (Wischnu!) als Indifferenz und zeugt neue Kraftstoffballung, die wiederum entropisch zum Stofftod führt, um ektropisch vital-energetisch schöpferisch zu werden – im endlosen Zeitlauf!

Durch die Differenzierung stofflicher Indifferenz gelangen wir dahin, ektropische Energie wie die Natur praktisch verwertbar in den Dienst der dynamischen Technik zu stellen. Die dynamische Technik schuf ein magnetisches Aggregat, welches aus einem spärischen (kugelförmigen) – und einem in diese Kugel eingebauten Stabmagneten besteht. Der Stabmagnet fixiert uns den Nord- Südpol des Kugelmagneten. Die magnetische Kugel ist, wie gesagt, innen *hohl*.

Wird nun der eingebaute Stabmagnet in seiner Indifferentialzone (Stabmagnet-Mitte in der Äquatorzone des Hohlkugelmagneten) ausgeschnitten, so erhalten wir im Kugelhohlraume nunmehr eigentlich *zwei* Stabmagneten und erscheint dem peripheren Kugel*nord*pol im Kugelzentrum ein Stabmagnet*süd*pol, dem peripheren Kugel*süd*pol aber ein Stabmagnet*nord*pol gegenübergestellt. Hierdurch ist das Problem der Differenzierung magnetischer Indifferenz (kraftstofflicher Indifferenz) tatsächlich *gelöst*!

Wird nun diese Kugel als *Vakuum* eingerichtet, d. h. Stoffleer gemacht, und mit einem elektrischen Kondensator (Spannung) versehen, welcher mit *einem* Spannungspotential über ein spezifisches Element geerdet ist, um mit dem gegenpoligen elektrischen Potential im Kugelzentrum zwischen den zwei magnetischen Stabpolen geschlossen werden zu können, so bedürfen wir nunmehr einer elektrovitalen Füllmasse, die uns den Schließungseffekt dieses Stromkreises im Kugelzentrumgewährleistet. Die Kugelladung ist mithin aktiviert, wenn ein *spezifischer* Anregungsimpuls von *außen* an die peripheren magnetischen Kugelpole anflutet.

Der vitale Schließungsleiter (Fu llmasse!) als spezifischer Widerstand (Ohm) ist in den ausgehöhlten zentralen Stabmagnetetpolen eingebaut und arbeitet analog dem Kohärer (Binder) unserer Radiosendetechnik! Wird dieser Fritter durch den erwähnten spezifischen, radiotechnisch gesendeten kurzwelligen magnetischen Impuls geschlossen, so werden die elektrischen Spannungen (Volt!) aktiviert und können im ständigen Ampërefluß technisch verwertbar von der Kugelmitte aus abgezapft werden, um spezifische Motoren zu treiben, Licht zu erzeugen, Heizeffekte zu erzielen, kurzum: die gesamte Volkswirtschaft zu elektrisieren.

Die erstmalige Aufladungsspannung dieser dynamischen Elemente bleibt in ihren Volts zeitlos gewährleistet, da die abgezapfte Verbrauchsenergie (Ampèrefluß-Strommenge) sofort aus dem Erdkraftfeld (s. Erdung!) dauernd ergänzt wird. Praktisch gesprochen: ein solches Element liefert immerwährend die aufgeladene Energie (Ergebnis aus «Volt» durch Ohm, siehe Ohmsches Gesetz) und haben wir elektrisch *zehn* PS Arbeitsleistung indiziert, dann sind diese 10 PS stets aus dem Aggregate abnehmbar.

Der spezifisch-magnetische Anregungsimpuls der dynamischen Kugelzellen wird durch die *Ur- Maschine,* welche auf der Erde nur einmal vorhanden zu sein braucht (analog: Nauener Sender!), radiosendetechnisch geliefert und hält alle Kugelelemente zur erstmalig aufgeladenen Arbeitsleistung an. Auf den Bau der Ur-Maschine soll hier nicht näher eingegangen werden, sondern es sei nur noch gesagt, dass sie aus sieben ähnlich gebauten Kugelelementen besteht, wovon fünf um eine sechste fixe Mittelkugel rotieren und bei dieser Rotation von einer siebenten, außerhalb des kreisenden Kugelringes angeordneten dynamischen Kugelzelle spezifischmagnetische Strahlen abreißen, um sie auf die Mittelkugel zu konzentrieren. Ist diese Kugel überladen, dann sendet sie die erwähnten spezifisch-magnetischen Kurzwellen, welche in peripherer Form alle Arbeitselemente zur Energieleistung anregt. Die beiden feststehenden Kugelzellen als Anoden- und Kathodenpol der Ur-Maschine sind mit ihren elektrischen Ladungen *ungleichpolig* geerdet. Die Zahl der dynamischen Arbeitszellen ist unbeschränkt und kann in die Millionen gehen, die ektropischtechnisch verwertbar gemachte Vitalelektrizität wird stets im sekundären Stromkreis an Ort und Stelle der Erde entnommen. Zur Voraussetzung hat unsere spezifisch-magnetische Sendetechnik allerdings noch die Schaffung von Verstärkungsanlagen, welche nach den gegenwärtig bestehenden Erfahrungen die Reichweite von 10 km im

Umkreis haben (5 km Radialsendung), in welchem Bereich dann alle Arbeitselemente anzusprechen vermögen. Vielleicht lässt sich diese Reichweite noch vergrößern - momentan aber muss mit diesen Verstärkern gerechnet werden und stellen sie auch nur vollkommen analog gebaute dynamische Elemente größerer Dimensionierung dar.

Wird der vitale Schließungsleiter in den Kugelzellen, welche in unserer Dynamotechnik alle einheitlich gebaut sind, geschlossen, so geht in den Kugel-Vakuas eigentlich ein alchemistischer Prozess vor sich, den wir hier nicht näher umschreiben können, da diese Erkenntnisse nicht allgemein zugänglich sind. Hier sei nur gesagt, dass durch unsere geschaffenen *drei Vorbedingungen:* «technische Indienststellung der Vakuumfunktion, Differenzierung der Indifferenz, vitaler Schließungs-Leiter», ein biogenetisch funktionierendes, dynamisches Aggregat gebaut wurde, das biotechnisch Arbeit leistet, d. h. Vital-elektrische, ektropische Energie zu liefern vermag. In den unzähligen Kugeln flammt das Ur-Licht, geheimwissenschaftlich als «hermetisches Feuer» bezeichnet, auf, wenn die spezifisch-magnetische Impulsgebung der Urmaschine zu wirken

beginnt und Stromschluss entsteht. Derart schließen wir in unseren dynamischen Zellen das Oben und Unten der dynamischen Schöpfung zum einheitlichen Weltelement, wobei die makro- und mikroskopischen, freienergetischen (Raumkraft) - und kraftstofflichen (Kraftraum) Komponenten zwei vital-elektrischen Potentialen gleichzuwerten sind, welche durch einen künstlich erzeugten Blitz (hermetisches Feuer!) geschlossen werden! Dieser «Blitz» (siehe auch den Kugelblitz) wird durch den Vitalbinder erzeugt, er gestaltet das Kugelvakuum *glühend* und da dieses Vakuum innerhalb von Kugelmagneten eigentlich ein *magnetisches* Vakuum darstellt, kann auch von einem «glühenden Magnetismus» gesprochen werden. Diese Bezeichnungen umschreiben nur einen rein energetischen *Zustand*, der uns technisch in Form einer energetischen Spannung vor Augen tritt, welche von der Aufladung des Kugelelementes abhängig gemacht erscheint.

Diese Spannung reagiert selbsttätig auf je bezügliche Energieentnahme des Aggregates und stellt das *«Zünglein»* an der Wage des dynamotechnischen Ausgleichs innerhalb unserer Kugelelemente dar! Hier sei noch bemerkt, dass unsere Erde genau so gebaut ist, wie die Kugelzelle und das Erdinnere sich ebenfalls in einem energetischen Zustand befindet, den wir mit «glühendem Magnetismus» umschrieben haben. Unsere dynamischen Zellen bekommen im Moment ihrer Aktivwerdung eine eigene Atmosphäre, welche um die magnetische Kugel gelagert ist, und ihre lebenswichtige Funktion hat, wie wir sie bereits ausführlich schilderten. Diese Arbeitselemente liefern der Menschheit *psychophysische* Universalenergie. Sie stellen biotechnische, vitalenergetisch arbeitende Aggregate dar und sind als solche auch *psychisch* wirkende Apparaturen. Wir haben also recht eigentlich *magische Schöpfungen* vor uns, welche uns das *Vril* der Atlanter erzeugen. Ein Missbrauch der gewonnenen Kraft ist unmöglich, solange die «Ur-Maschine» sich in verantwortungsbewussten Händen befindet, denn ohne Impulsgebung durch die Ur-Maschine ist keine Zelle imstande, Arbeit zu leisten. Das Geheimnis des Vitalbinders und unserer spezifischen Kondensatoren mit ihrer Füllmasse, von uns mit «Elektretenmasse» bezeichnet, kann nicht ergründet werden, da bei einem evtl. gewaltsamen Aufbruch der Kugeln sich dieser Einbau automatisch vollkommen zerstört.

Das psycho-physische Welten- «Perpetuum mobile».

Das Kraftstreben aller Atomgefüge in ihren Krafteinheiten, den Ionen und Elektronen ist extensiv und attraktiv gerichtet. Dies wurde von uns schon ausführlich klargelegt. Alle Materie will sich stets im Raum verflüchtigen. Die Bindungskraft ist nur durch «Wischnu», dem Lebenserhalter, gewährleistet, der in Gemeinschaft mit «Schiwa», dem Verstrahlenden, als *Identität* – physische Scheinwelt ermöglicht.

Wird in der Stoffwelt ein spezifisches Vakuum geschaffen, so kann die umschließende Hülle (Atmosphäre) nie *drücken*, da ihr Kraftstreben extensiv als Spannkraft gerichtet ist. Dieses relative Stoffvakuum ist aber stets absolut negativ-aktiv (Schiwa) geladen. Jedes Vakuum besitzt eine kraftstoffliche Hülle. Diese besteht aus Atomgefügen. Außerhalb der Kraftstoffhülle befindet sich die atomgefügte Umwelt. Nun kommt es im stofffreien, mit absoluter Strahlungskraft geladenen Vakuum zu vital-elektrischen Bindungs- und Induktionserscheinungen, derart, dass die Sog- Komponente des Vakuums, scheinbar positiv wirkend, die Atomgefüge des Umweltstoffes in den negativen Elektronen aufzulösen, also anzusaugen, zumindest aber zu *binden* versucht. So funktioniert *jedes* Vakuum konzentrisch - und die Vakuumkraft als «Kohäsionskraft» primäranziehend, im Kraftstoffe demnach *Schwere* verursachend!

Verändert sich der Vakuumkraftraum-Sog seiner *Umspannung* gegenüber, wie sie in Form der spezifischen Atmosphären als «negative Aktivität» überall in Erscheinung tritt, so wird einmal der Moment kommen, wo die ausgleichende Wage dieser negativen Aktivspannung - sei sie nun als Elektronenspannung, oder als magnetostatisches Spannfeld der Erde (Atmosphäre) bezeichnet - nicht mehr einspielt. Dann muss sich die im Kraftstoff wirkende Energie infolge einseitiger Überspannung entbinden, Raumkraft frei werden und das Atomgefüge zerfallen (Radio-Aktivität!). Derart wird ein ständiger, gewaltiger, kosmischer Energiestrom erzielt. Das Problem spezifischer Stoffvakuas sehen wir im Weltaufbau, im Atomgefüge sämtlicher Elemente, überall praktisch in Wirksamkeit. Der mysteriöse und in seinem Grundwesen vom empirischen Physiker noch nicht erkannte Atomkern stellt ja auch nur, wie bereits ausführlich begründet, einen solchen Leerraum dar. Atome sind stets aus den rein metaphysischen, energetischen Uratomen (annäherungsweise: Ionen!) der indischen Geheimlehre aufgebaut. Also die universelle *Grundkraft* des ganzen Weltdynamismus Schiwa-Wischnu in Ur-Bindung - umschließende «All-Liebesbindung, freie Strahlung» - als Grundeinheit der materiellen Schöpfung überall!

Diese Uratome in ihrem Symbol der negativen Aktivität wirken stets *apolar* und sind doch bereits urwesentlich eine energetische Bindungseinheit. Sie gestalten vorerst eine rein ätherische Welt und bringen in immer größer werdender Energieverdichtung endlich die uns bekannte physische Erscheinungswelt herauf. Das erhaltende Prinzip Wischnu hat sich aber als schöpferische Ureinheit schon im *fluidalen Zustande* mit seiner freistrahlenden Ergänzung Schiwa im Raume gebunden und ist mithin Urgesetz der dynamischen Welt. Wir haben bereits bemerkt, dass die Grundeinheiten, also die Uratome, stets gleichpolig geladen erscheinen, sich demnach abstoßen - nach dem Grundgesetz der Apolarität! Sie sind im Weltraum also *weder kraftextensiv*, demnach *strahlend* zu denken. *Attraktiv* werden sie erst durch Indifferenz die schon erwähnte Stülpung, durch ihre gleichsam nach außen verlegte Gegenpoligkeit! Die Summierung aller energetischen Ur-Vakuas, wie sie uns im Atomaufbau gleichnisweise als «Ionen» erscheinen, gestalten den Begriff: «stofffreier Weltraum»!

Auf diese Art ist der vakuole Weltraum wohl materien- und stofffrei, jedoch ewig krafterfüllt vorzustellen. Diese Weltkraft ist, wie schon oft angeführt, vollkommen indifferent wirkend zu denken, also freistrahlend. Das *über*geordnete Atom unserer Atomphysiker, wenn wir uns das energetische Uratom als weltdynamische Grundkraft vorstellen, ist eine in *höhere Bindung* gesetzte dynamische Einheit.

Der *Atomkern* ist ein vakuoler Kraftraum, geladen mit Uratomen, also dem schöpferischen Strahlungsbindungsbegriff des Weltdynamismus. Er ist als relative Mikrovakuole identisch mit der relativen Makrovakuole des Weltleerraumes und wirkt als solche absolut bindend, demnach ansaugend! Symbolisch ist er als geschlossener Kreis mit zentraler Kreuzsetzung darzustellen: Im Stoff wirkt jedes relative Vakuum, wie schon oft ausgeführt, als reine Kohäsionskraft entfaltend - und Stoffschwere verursachend, *anziehend*.

Im physischen Atom sehen wir «quasi negative» energetische Einheiten *gebunden* von «quasi positiven» Atomvakuolen, - also in Spannung gesetzt. Das negative Elektron ist an sich aber nur als eine dynamische Überlagerung (Überspannung) des quasi positiven Atomvakuums (Atomkern!) zu deuten.

Die Elektronen sind *Minus*-Krafteinheiten des mit *Plus*kraft einheitlich geladenen Atomleerraumes. In Urschöpfungstagen wurde der schöpferische «All-Liebesimpuls» Wischnus derart so stark, also *überdynamisch*, dass er sich als schöpferische Einheit mikrokosmisch im Makrokosmos – seiner Identität - aufbauwollend setzte und dann gleichsam *außerhalb* seiner Wesenheit im wägenden Ausgleich nochmals manifestierte. Auf diese Art blieb er als schöpferisches Mikrovakuum in den Bindungseinheiten der Uratome bestehen und wurde als physische Gegenpolung geboren. Die Einheits-Schwingung wurde differenziert und stoffliche «quasi Negativität» und «quasi Positivität» heraufgebracht, wobei in der Bindung die «negative Aktivität» der saugenden kraftstofflichen Mikrovakuen (Atomkerne!) mit ihrem ursprünglich extensiven Kraftstreben – in wägendem Ausgleich mit der absolut stoffexzentrisch (auflösend!) wirkenden Sogkraft des Ur- Vakuums gesetzt wurde. Nun konnte die materielle und grobstoffliche Weltschöpfung ihren Anfang nehmen. Das «Welt-Werden» der Materie begann. Eine dynamische *Entspannung* von – mit energetischen Uratomen geladenen, makrokosmischen Leerräumen (Krafträumen) war hierzu notwendige Voraussetzung. Diese Entspannung geschah dann im Kraftstoff, wie bereits gesagt, immer nur im *wägenden Aus-*

gleich mit dem absolut attraktiven, saugenden (anziehenden) Kräften der vakuolen, negativen Uratome.

So blieb die außerhalb der Vakuolen «quasi negativ» gesetzte Urkraft in freistrahlendem Bestreben an das zentrale Vakuum gebunden. Das Werden der stofflichen Welt nahm seinen Lauf! Nach Maß und Zahl wurden die Krafteinheiten - immer im wägenden Ausgleich - weiter zu den Grundlagen der Materie - den unterschiedlichen Atomen geballt, um dann in grandiosen räumlichen Anordnungen - den der empirischen Physik bekannten «Raumgittern» - zu *Molekülen* zusammengeschweißt zu werden, welche letzten Endes die spezifischen Stoffe der materialisierten Welt um uns her formen. Das bezeichnet der Inder in seinen esoterischen Lehren mit dem «Aushauchen der Weltseele» - Atman (Brahman); - eine Weltschöpfung, ein Manvantara kommt herauf!

Aushauchen ist gleichzusetzen mit unserem dynamischen Begriff «*entspannen*» der Welt-Vakuole. Nach ungeheuren Zeitläufen sind wir in der gegenwärtigen Schöpfungsperiode über die sogenannte «*Involution*» hinausgelangt, was sichtbarerweise auch darin dokumentiert ist, dass der Planet Uranus, der Signifikator der Technik und Elektrizität, im Jahre 1781 durch den Astronomen Herschel entdeckt wurde, - seither die technischen Errungenschaften der Menschheit im gewaltigen Anwachsen begriffen sind und sich uns auch das Geheimnis der radioaktiv werdenden Substanzen durch Curie offenbarte. Die *Evolution* hat ihren Anfang genommen, der Moment ist bereits eingetreten, wo alles materiell gewordene wieder verstrahlt, besser gesagt: *zurückstrahlt* in Atman, demnach energetisch wird!

Derart atmet das schöpferische Prinzip Schiwa-Wischnu (Atman, Brahman) alles stofflich Gewordene wieder ein. Die Materie wird strahlend frei, das stoffliche Weltbild verschwindet ins rein Geistige, um neu ausgehaucht - wiedergeschaffen zu werden. Selbstverständlich dürften noch Aeonen bis zum Anbruch jenes *Einheitszustandes*, den der Inder mit «*Pralaya*» , der Gnostiker mit «*Nunc stans*» bezeichnet, vergehen. An diesen Zustand der «*absoluten Ruhe*» und stoffweltlichen «Nichtexistenz» schließt sich alsbald ein neues Manvantare an! Eine neue Weltschöpfung muss aber nicht notwendigerweise mit der jetzigen identisch sein. Sie mag unter geänderten dynamischen Bedingungen ein ganz anderes Erscheinungsbild mit unvorstellbaren Erlebnismöglichkeiten der *dann* lebenden körperlichen Vernunftswesen ergeben. Und nun gelangt ein Hauptfaktor des Welt-Dynamismus zur Sichtung!

Das *Aus*atmen Atmans, das sich also «ausser-sich-setzen» des «Urkraftprinzips» ist analog dem *Ent*spannen der Uratom-Kraftvakuolen und kann nur in seinen mikrokosmischen «Kraftstoff- Einheiten», die dann alle in der kosmischen Makrovakuole eingeschlossen liegen, gedacht werden (alles Bezügliche ist aus den vorhergehenden Ausführungen ersichtlich!).

Dieses Ausatmen bedingt aber *automatisch* in unvorstellbar langer Zeit in sämtlich geschaffenen relativen Mikrovakuas, die wir mit «absoluter Strahlung, Uratom, Schiwa-Wischnu, Prana oder Atman» gleichsetzen können, das *variable* der Spannung aller im Stoffe manifestierten relativen Mikrovakuolen und der sogenannte Stoff-Umweltsdruck wird hierdurch gleichfalls veränderlich. Die negativen Aktivitäten der bipolaren stofflichen Bindung müssen sich dann in ihrer Spannung dem veränderten Vakuum-Sog ihrer Zentralkerne anpassen, d. h.: sie müssen Energieeinheiten abgeben - weil die Atomeinheit im dynamischen Gleichgewicht gestört erscheint. So werden diese *überschüssigen* negativen Bindungseinheiten *frei* und Kraftstoff radioaktiv, energetisch-strahlend. Als grandiose Schlussapotheose sei uns folgendes Bild gestattet und das weltdynamische, psycho-physische Perpetuum mobile den Lesern vor Augen geführt!

Atman atmet aus, die Schöpfung beginnt, - die Atomgefüge werden dynamisch mit den Umspannungen (Elektronensphären) der spezifischen Stoffvakuas abgewogen, also in ihr genaues Kraftmaß gesetzt. Die durch das Symbol «Ausatmen» gekennzeichnete *Allkraft*, welche ja doch nur als eine einheitliche konstante Größe gedacht werden kann, wird von mikrokosmischen Bezugspunkten aus gleichsam nach «*außen*» verlegt. Dann bricht die Zeit an, wo das Gewordene der Schöpfung infolge des wieder eintretenden «Raumvakuolen-Spannungs-Überdruckes» beim Einatmungsakt aus der Stoffbindung *frei*strahlend wird. Dieser Überdruck ist in weiteren Ausführungen unschwer vorstellbar.

Wenn wir nämlich *konstante* Weltkraft nach *außen* wirkend machen, muss *innerhalb* der geschaffenen relativen Raumvakuumbegrenzungen eine Kraft*unter*spannung eintreten. Nun hält aber die hierzu in Ausgleich gesetzte Spannung der Elektronenkräfte in den Atomgefügen diesen variablen Umweltsdruck nur bis zum Zeitpunkt wieder eintretenden *Vakuumüberdruckes* (Einatmen) das Gleichgewicht. In der Zeitfolge des Entstandenseins der einzelnen Elemente werden diese in ihren Atomen dann wider freistrahlend, *dynamisch* wirksam. Und das geschieht logisch *zuerst* mit den *zuletzt* gewordenen Elementen, denn *sie* haben in ihren energetisch am meisten *unter*spannten Kernvakuolen die größten Elektronen-Spannungen zum Zwecke der Bewahrung des dynamischen Gleichgewichtes erhalten. Ist der tiefste Unterdruck erreicht, bildlich gesprochen: hat sich Atman vollkommen ausgeatmet, dann muss sich die *ganze* aus Atomgefügen bipolar geschaffene Stoffwelt infolge des eingetretenen Spannungsüberdruckes ihrer Elektronen - in Betrachtziehung des hierdurch entstehenden Umweltsüberdruckes wiederum angleichen und Kraft wird freistrahlend. So entstofflicht sich die gesamte Materienwelt in fortschreitendem Ausmaße. Atman saugt seine materielle Schöpfung ins Weltraumvakuum, welches sich wieder langsam mit seinen einheitlichen, energetischen Uratomen aufspannt, zurück. *Er atmet ein!*

Zum Abschluss müssten sich also die ältesten Elemente mit geringster Elektronenspannung, Hydrogen und Helium, entspannen - dynamisieren! Das stimmt auch mit der empirischen Forschung überein, denn bei Weltwerdungen aus Urnebeln ist «glühender Wasserstoff» (hermetisches Feuer) im Schöpfungsaufbau noch stets *zuerst* festgestellt worden. Hier soll nun noch bemerkt werden, dass jene wunderbare Erkenntnis des Hermes Trismegistos: «Wie oben – so unten!» auch bezüglich der variablen Weltvakuumspannung gilt.

In den Kernvakuolen der Erde, der Atome, Zellen usw. herrschen stets analoge Beziehungen. Alle schöpferischen Vakuum- Stoffleerräume korrespondieren untereinander und bauen die materielle Schöpfung - «wie oben so unten» - auf, derart, dass ihre Kräfte den gesamten Kraftstoff in dynamischem Ausgleich halten. Spannungsveränderungen gleichen sich aus der makrokosmischen Raumvakuole in den mikrokosmischen Stoffleerräumen, den Atomen usw., stets an, besser gesagt: sie bleiben immer *identisch*! Die Radioaktivität der Elemente auf unserem Erdball hat bereits eingesetzt (s. Radium), Atman nimmt die Stoffwelt sichtbarerweise zurück, - er atmet *ein*!

Die Weltraumvakuole wird wieder mit aus dem Kraftstoff entbundener Allkraft aufgeladen, was einer Überspannung der Atomgefüge gleichkommt. Materie wird entspannt (weil überspannt), also strahlend, wir treten demnach in die Epoche des «strahlenden Weltdynamismus» ein! Aus diesen Erkenntnissen wurde die dynamische Zukunftstechnik geboren und die geheimnisvolle *Vril-* oder *Raumkraft* der alten Atlanter der Gegenwartsmenschheit wiedergebracht! Unerschöpfliche Energien stehen dadurch dem Menschengeschlecht in Bälde zur Verfügung.

Ethische Voraussetzungen und «strahlendes Menschentum».

Nun gelangen wir zur *ethischen* Bedeutung des vorher erklärten *Vril*-Raumkraftproblems!

Ungeheure Gefahren bedrohen die gesamte Menschheit heute, wenn mit den Errungenschaften einer dynamischen Technik Missbrauch getrieben wird! Die Kulturwelt der sagenhaften Atlanter ist nach Überlieferungen der Geheimwissenschaften ebenfalls an der missbrauchten «Vrilkraft» zugrunde gegangen. «Strahlende Technik» hat «strahlende Menschen» zur notwendigen Voraussetzung!

Wir betonen das in unseren Proklamationen an die Öffentlichkeit immer wieder. Was haben wir uns nun unter der kommenden strahlenden Menschheit vorzustellen?

Wischnu-Schiwa ist gebundene All-Strahlungs-Liebe und zeitloser Aufbau, kurz gesagt: ist stetige *Evolution!* In *All-Liebe* strahlend werden, muss demnach das kommende Menschengeschlecht, um des Göttergeschenkes der «strahlenden Maschine» teilhaftig sein zu können. Der Vernichtungswille muss unbedingt überwunden werden, deshalb sprechen wir von «neuer Menschendisziplin» und «Sicherungsorganisation»! Gott ist an sich *nur* schöpferische Liebe. Der Allgeist strahlt *ewig* in *Liebe* gebunden! Nur derart ist das große Weltwerden ermöglicht.

Heute *haftet* der Mensch in tiefem Egoismus, selbst wenn er «Liebe» und «Güte» zu schenken vermeint. Fragt er sich nicht meistens bei solchen «*Liebestransaktionen*», was «Gutes» für *ihn* herauskommt? Wenn er schon *sehr* edel denkt, dann quält ihn wenigstens *der* Gedanke, ob ihm «Gutes» *nicht* vielleicht durch «Schlechtes» vergolten wird! Das soll *anders* werden! Der Mensch sei nicht «gut» und «liebend» des persönlichen Vorteils wegen, er werde «Güte» und «Liebe» restlos verstrahlend dieser aufbauenden Ideen halber. Strahlt der Mensch so, dann wird er langsam frei - und reif zum kommenden Übermenschen. Er glaube aber nicht, dass ihm solch selbstloses Schenken keine *Früchte* trägt! Herrliche Kränze werden ihm gewunden im Reiche des *Geistes!* Der *große* «Schenkende» wird zum gigantisch «*Beschenkten*» - zum schöpferisch Begnadeten!

Transzendentale Wirkungsmöglichkeiten sind ihm zu eigen. Ist der Mensch als Geistwesen ganz dem Stoff, seinem irdischen Leib verbunden, dann gleicht er einem freudlos Eingekerkerten in finsterem Verließe; Quader an Quader umtürmt ihn, Licht und Sonne sind selten zu Gast. Darum baue er sich doch zuerst einen luftigen Gitterkäfig, hier sind ihm wohl auch noch Freiheitsgrenzen gesetzt, doch strahlender Tag ist dann bei ihm zu Hause!

So spende er denn Licht, *strahle* - damit sein Leibgefüge sich öffnen kann den kosmischen Kraftströmen - und den Zellenkörper schaffe er um; - *Gitterstäbe* - weit werde seine irdische Behausung. Der Kerkerbau aus Quadersteinen aber - sei vernichtet!

Denn: alles *stoffliche Leben* ist «*gefrorene Liebe*», singt der große Seher *Hebbel* in seinem wunderbaren Gedicht «Des Dichters Testament».

Geistiges Leben aber ist strahlendes liebevolles Umfangen der ganzen Schöpfung, ist schöpferisches *Feuer!* Das Ausfließen in die All-Seele, in das «*Pleuroma*» läßt den Menschen als «Mikrokosmos» wiederfinden - im «Makrokosmos»! Er ist dann überall - und doch nirgends, wenn *alle Grenzen* gefallen sind! Ein helles «Schauen» wird ihm zuteil. Sein Wissen wird «*Schauung*»; - er bereichert sich nicht mehr intellektuell mit Abstraktionen aus der sinnenhaften Stoffwelt! Vorerst heißt es aber - sich bescheiden!

Ein *Weg* muss systematisch gegangen werden, damit ein großes Ziel erreichbar ist! Erst sei die «Tat» des *Gehen Wollens* gesetzt, dann mutig vorangeschritten! *Plastisches* Denken zu schulen, werde des Menschen weiteres Beginnen. Er lerne plastisch «*Liebe*» denken in weihevoller

Versenkung, so wird er zum «*magisch Liebenden*»! Nun klimmt er von Stufe zu Stufe, bis er sich verstrahlen lernt im «Pleuroma» - in der «Liebes-Spannungsfülle». Das seine Endzielsetzung!

Zuerst aber mehr *praktisch-irdisch* gerichtet sein! Wir sind nun einmal an den Stoff gebunden und haben *hier* Aufbau zu schaffen. Die ethische Seite des Geist-Weltdynamismus trete langsam in Tätigkeit. Strahlung - heißt Entbindung aus dem Stofflichen!

«*Will*» sich der Mensch um, zum aus sich heraustretendem «Liebes-Atman», *will er Tat- Kraft*setzung, dann bereitet er sich einen *entspannten* Umweltdruck und Schöpfungsfreiheit, dies um so mehr, als sein «Leib» (Kraft-Raum) evakuiert - (stofflich aufgelockert!) zum Strömungskanal kosmischer Urkraft wird und geistig Liebe *verstrahlt* (Raum-Kraft). *Er saugt Vital-Elektrizität an!*

Im gleichen Ausmaße als er derart gibt, wird ihm Ungeahntes zurückgegeben. Das ist ja gerade das Mysterium des kommenden uranischen Strahlungsmenschen. *Leicht* und immer *aetherischer* wird des Geistes Hülle, sein scheinstofflicher Leib. Er aber wandelt sich zur absolut positivschöpferischen Geisteskraft, die kann, was sie will und um die Wahrheit der Dinge weiß. Trug der Sinne ist alles um ihn her, er als *Geistwesenheit* allein ist gestaltende Kraft, ist «Meister» des dynamischen Weltganzen - geformt in Sonnensystemen und Atomgefügen!

Mittel und Wege kennt urältestes esoterisches Weistum, um ihn zu entfalten zu jenen strahlenden schöpferischen Gott-Menschen. Schreitet er diese Pfade im gläubigen Vertrauen auf seine Götter*stärke*, dann wird er *frei* aus den kraftstofflichen Bindungen!

«Tat» - allein kann uns erlösen! Nicht schläfriges Hinträumen und Erwartung kommender Hilfe von *außen*. Hilft sich der Mensch *selbst*, so hilft ihm *Gott*; doch in ihm ruht Gott, er kann ihn *finden*, wenn er nur erst richtig *sucht*! Da wird ein *Flämmchen* angesteckt, das ihm den Weg erhellt. Und lohnendes *Sonnenfanal* vermag er nur *selbst* zu werden, denn sich «vergotten» wollen - heißt bestrebt sein, *IHM* gleich zu *tun*! Hier kann nichts geschenkt werden! *Tun* muss der Mensch *selbst* die Tat! Und diese große Tat heißt: «All- Liebendes verstrahlen».

Findet er den «Allgeist», dann erschaut er ihn *nur* als «*Licht*», - *Licht* ohne *Rückhalt* – absolute Liebesstrahlung!

«*Tat*» stand über den Pforten der Tempel aller Mysterienkulte, *schöpferische* Tat muss auch das «*Wort*» werden. Und das Wort der Worte heißt «All-Liebe»! Christ-Logos hat uns dieses Wort schöpferisch gestaltet, er hat es eben *gelebt*! «*Denn das Wort ist Fleisch geworden!*»

So entfalte auch der Mensch das Christus- Logos in sich schöpferisch, und werde Tatsetzer, lasse den Logos in sich *erstrahlen* – um verstrahlen zu können - «reine Liebe - ohne Haftung»!

Haltung ist *stets* vom Übel, - lehrt die «Bhagvadgita», als «Bibel» der alten Inder. Deshalb hafte der Mensch an *nichts*, hafte selbst nicht an der «Tat», dann wird «*Nirvana*», das «Sein in der stoffgebundenen freien Liebesstrahlung Atman» - ihm selige Endheimstatt werden! Als solch Liebesbringer wird er aber «Kreuzträger»! Das «Ankh-Kreuz» ist stets das Symbol des absolut positiv Wollenden gewesen. *Dieses* Kreuz nehme er mit Stolz auf sich, es gelte ihm als *höchste* Ordensauszeichnung, verliehen vom *Allgeiste* selbst!

Nun sei der Anfang gemacht mit der *Tatsetzung* - *denn die Zeit ist da!*

Wege und Ziele.

Da die kosmische Urkraft möglichst bald dem deutschen Volke zu eigen werden soll, muss darangegangen werden, Wege zu finden, die den Einbau der dynamischen Technik ermöglichen.

Aus allem, was bisher gesagt wurde, ist klar zu ersehen, dass es sich hier nicht um eine neue «Erfindung» im landläufigen Sinne handelt, sondern um eine weltumwälzende Angelegenheit, die den Menschen abschließende Naturbeherrschung bringt. Gelangt die Vril-Kraft in verantwortungslose Hände, dann steht Ungeheuerliches auf dem Spiel!

Im Besitze einer kapitalistischen Interessentengruppe, welche sich der Urkraft zum Zwecke ihrer «finanziellen Stärkung» bedienen würde, könnte dieser gewaltige Faktor dem Volks*ganzen* zum Fluch gereichen. Die Nutzbarmachung der Urkraft leitet ein ganz neues Menschheits-Zeitalter ein und verleiht ihren Beherrschern eine unüberwindliche Macht. *Diese Macht* kann bestehenden Wirtschaftsorganisationen nicht ausgeliefert werden, solange nicht ein *Schutz* besteht, der ihren Missbrauch verhindert. Staatliche Patente kommen hier nicht in Frage, aus Gründen, die jeder einsichtsvolle Mensch von vornherein zugeben muss. Patente *schützen* jede Erfindung wohl in *geldlichen Belangen*, doch verbürgen sie keinesfalls die *Geheimhaltung technischer Konstruktionen.*

Das Geheimnis des Vitalbinders (Kohärers), der den spezifischen «glühenden Magnetismus» in den Kugeln erzeugt, muss unbedingt gewährleistet bleiben, und kann demnach die *«Ur-Maschine»* nie in unverantwortliche Hände gegeben werden. Als Kriegswaffe würde die Urkraft unvorstellbare Zerstörungen anrichten. Das Streben bestehender Mächte geht aber immer noch darauf hinaus, jede technische Neuerung auf ihre Verwendbarkeit für Kriegszwecke zu untersuchen. Die Urkraft soll dem deutschen Volke nur zum *Segen* gereichen! Sie schafft Aufbaumöglichkeiten ungeahnter Art und gewährleistet dem deutschen Volke eine neue Zukunft, die frei von allen wirtschaftlichen Nöten und Sorgen sein wird.

Denn wirtschaftlich und technisch bringt die neue Kraft einen vollkommenen Umschwung, eine Umwertung aller Werte! Es dürfte kaum eine Maschine, kaum einen technischen Apparat geben, der nicht in seiner Wirkungsweise und Wirtschaftlichkeit von der neuen Technik beeinflusst oder gar außer Kurs gesetzt wird. Elektrische Großkraftwerke, komplizierte Turbinenanlagen und dergleichen.

Werden überflüssig! Die gesamte Kraftstoffaufbringung, wie Kohle, Erdölgewinnung etc. wird langsam unnötig. Hieraus ergeben sich natürlicherweise Konsequenzen für die Besitzer dieser Erdschätze. Die kapitalistische Wirtschaft hat an der Heraufbringung der Urkraft gar kein richtiges Interesse, soweit es sich darum handelt, *eigene* wirtschaftliche Machtmittel zu schützen. Es darf deshalb nicht damit gerechnet werden, dass die Urkraft jenen machtpolitischen Wirtschaftskreisen erwünscht ist, da sie zwangsläufig eine Umschichtung bestehender Machtverhältnisse zur Folge hat.

Wenn das deutsche Volk als Ganzes nicht hinter unsere Forderungen tritt, wird die Einführung der dynamischen Technik wohl noch ziemlich lange auf sich warten lassen. Wir selbst sind keinesfalls daran interessiert, ob die Urmaschine schon heute - oder erst in kommenden Jahrzehnten in Tätigkeit gesetzt wird, solange nicht der unbedingte Schutz derselben gewährleistet erscheint. Ein neues Deutschland will anbrechen, - mit vollkommen neuen Wirtschafts- und Gemeinschafts-Strukturen! Verantwortungsbewusste Menschen müssen jedoch jedem Missbrauch der Vrilkraft vorbeugen, da sonst das Furchtbarste zu gegenwärtigen wäre.

Die neue dynamische Technik wird in Zukunft elektrische Lokomotiven und Automobile ohne kostspielige Armaturen herstellen können und durch Schaltung an das atmosphärische Spannungsnetz überall zu betreuen vermögen. Voraussetzung ist allerdings der Einbau von genügend vielen Verstärkungsanlagen (Zentralen), die den von der Urmaschine gegebenen spezifischen «Magneto-Impuls» auf die dynamischen Kugelelemente übertragen. Neuartige Flugzeuge mit magnetostatischer Antriebskraft und Steuerung, welche durchaus absturz- und zusammenstoßsicher sind, können um - und ohne langwierige Schulung von jedermann bedient werden. Die Verstärkungsanlagen bilden durch ihre wechselseitige Schaltung über dem von ihnen erfassten Gelände ein Kraftnetz von gewaltigster Wirkung. Sie dienen dazu, unzählige dynamische Elemente, die über das Land hin verteilt sind, anzuregen und mit der Urmaschine dynamisch zu verbinden. Da Vitalelektrizität in unbegrenztem Ausmaße zur Verfügung steht, kann auch darangegangen werden, den Ackerboden (Scholle) vitalelektrisch zu *düngen*, d. h. Vital *anzuregen*. Unter diesen Umständen dürften sich jährlich zwei Ernten erzielen lassen. Da weiter die Zentralen mit Hilfe ihrer außerordentlich starken und zweckentsprechend abgestimmten Spannung das magnetostatische Feld der Erde (Atmosphäre) zu beeinflussen vermögen, wird die Menschheit auch die *Witterung* nach eigenem Wollen gestalten können. Die Beleuchtung der Häuser und Ortschaften wird unabhängig von fremden Kraftwerken. Jedes Haus, jede Gemeinde, jeder Betrieb erzeugt sich die, benötigte Elektrizität selbst, wenn sie im Besitz der spezifisch geladenen Dynamo-Elemente ist!

Da die Vital-Elektrizität eigentlich *kostenlos* gewinnbar ist, lässt sich die gesamte Volkswirtschaft bis in ihre letzten Einzelheiten elektrifizieren. Daraus ergibt sich wiederum, dass die Beheizung und Beleuchtung der Wohnstätten nunmehr auf *diesem* Wege geschieht. Das Fernsprech- und Fernbildwesen wird ebenfalls umgestaltet. Der persönliche Fernsprecher, spezifisch *abgestimmt*, ermöglicht jederzeit die Verbindung unter den Menschen, wenn sie sich allein zu hören wünschen, gleichgültig, wo sie sich gerade aufhalten. Das Übertragen von Bildern und Vorgängen jeder Art, auf beliebige Entfernung, erscheint ebenfalls gewährleistet. Die neuen Fernsprech- und Fernbildapparate können überallhin mitgenommen und sofort in Betrieb gesetzt werden.

Sozial-ethisch dürfte die neue Technik in unserm ganzen Volke grundlegende Veränderungen auswirken. Es wird künftig dem Staate möglich sein, auf Grund seiner neuen Monopoleinkünfte die Steuern und Abgaben abzubauen und darüber hinaus jedem Staatsbürger Wohnung, Nahrung und Kleidung und eine ausreichende Altersversorgung zu garantieren. Als Gegenleistung wird die Gesamtheit allerdings von *jedem* Staatsbürger *jene* Arbeitsverrichtungen verlangen, die ihm gemäß seines Berufes und seiner Veranlagung im neuen Staate zukommen.

Arbeitsunterstützungen werden überflüssig, da es Arbeit in Hülle und Fülle gibt. Arbeit wird zur sittlichen Pflicht eines jeden Staatsbürgers erhoben und wer nicht arbeitet, muss die sich hieraus ergebenden Folgen selbst tragen. Da die Tätigkeit in Bergwerken nicht mehr notwendig ist, welche unsere Arbeiter frühzeitig zermürbt, wird auch hier ein menschenwürdiger gesundheitsförderlicher Wandel durch die Urkraft angebahnt. Der arbeitende Mensch wird seiner eigentlichen Daseinsbestimmung, Kulturschöpfer zu sein, in wachsendem Ausmaße zugeführt und der Boden für eine höhere Ethik vorbereitet. Es besteht auch kein Zweifel darüber, dass durch die neuen großen Gedanken, aus welchen die dynamische Technik geboren wurde, Religion und Rechtspflege weitgehend beeinflussbar sind. Es darf hier niemals übersehen werden, dass es sich um keine neue *physikalische* Energie, sondern tatsächlich um die *«psycho-physische Urkraft»* handelt, welche in kommenden Tagen durch nichts mehr zu überbieten ist. Politisch-kulturell bricht ebenfalls eine neue Zeit an!

Hier sei nochmals eindeutig darauf hingewiesen, dass absolut nicht daran gedacht wird, die Dynamotechnik irgendwie *gewaltsam* im deutschen Staate einzubauen. Nur im wohlerwogenem Abbau bestehender Verhältnisse und langsamen *evolutionärem* Einbau des Neuen, soll die wirtschaftliche Umstellung des deutschen Volkes erfolgen. Wir sind jederzeit guten Willens, mit *allen* einsichtigen Faktoren und Persönlichkeiten des deutschen Wirtschaftslebens zusammenzuarbeiten, nur können wir von unseren ethischen Forderungen unter gar keinen

Umständen zurücktreten. Die Urkraft hat dem Volksganzen zu dienen und wird *niemals* irgendeiner Machtgruppe zur Nutznießung überantwortet!

Die Möglichkeit, unsere heimische Industrie wieder weitgehend zu dezentralisieren und auch den kleinen Fabrikanten, ja jeden Handwerker wieder konkurrenzfähig mit der Großindustrie zu machen, ist jederzeit gegeben und lässt sich derart das immer unhaltbarer werdende Problem unserer industriellen Groß- und Riesenstädte mit ihren kulturvernichtenden Wirkungen einer Lösung zuführen.

Die arbeitende Bevölkerung kann in gesunden, dorfähnlichen Siedlungen rings um die neu entstandenen Werke bodenständig gemacht werden. Dadurch wird sie dem wüsten Tagstreiben und dem zersetzenden Einfluss des Klassenkampfes entrückt und das Familienleben auf heimatlicher Scholle im günstigsten Sinne gefördert. Pflegestätten deutscher Kunst und deutscher Kultur lassen sich allerorts ins Leben rufen und mit Hilfe der durch die neue Kraft gewonnenen Mittel dauernd unterhalten.

Die neue Zeit bedarf *neuer* Menschen!

Das wurde ja schon genügend gekennzeichnet. Diese neuen Menschen können aber nicht von heute auf morgen heraufgebracht werden. Wenn es deshalb darauf *allein* ankäme, wären die Möglichkeiten des Einbaues dynamischer Technik erst in kommenden Jahrzehnten gegeben. Nachdem aber das deutsche Volk kaum noch so lange zuwarten kann, und unsere Technik eigentlich schon morgen in den Dienst der Volk Wohlfahrt gestellt werden müsste, wird hier der Versuch unternommen, alle unter den gegenwärtigen Verhältnissen leidenden Menschen aufzuklären und sie zu veranlassen, zu unseren Anträgen irgendwie Stellung zu nehmen. Es muss eben vorher ein großes Massenwollen einsetzen, um eine Verhandlungsbasis zu schaffen, auf welcher mit den gegenwärtig bestehenden Machtgruppierungen gemeinnutzbringende Vereinbarungen getroffen werden können. Diese

Verhandlungen sollen uns dann in möglichst kurzer Zeit zum Ziele führen, und den legislativen Schutz der *Urmaschine* erbringen! Die *Nutznießung* der Urkraft jedoch hat der *Staat* als Volksgemeischaft inne! Derart sollen dem *Staate* alle Mittel in die Hand gegeben werden, um aus den betrüblichen Verhältnissen möglichst schnell herauszugelangen. Das gesamte deutsche Volk hat nun zu entscheiden, ob es die Segnungen der Urkraft will.

Es läge nach unseren Vorausführungen eigentlich im ureigenen Interesse der gegenwärtigen Staatsmacht, alle Wege, welche die Gesamtheit rasch zum Ziele führen würden, umgehend anzubahnen und betonen wir nochmals, dass wir unter Gewährleistung des Schutzes der Urmaschine jederzeit bereit sind, mit allen kompetenten Stellen sofort in Fühlung zu treten. Ist dieser Schutz da und legislativ verbürgt, dann kann sofort mit dem Einbau der dynamischen Technik begonnen werden und die Urmaschine zur Aufstellung gelangen. Diesbezüglich existiert von unserer Seite ein bis ins letzte ausgearbeitetes Einbauprogramm, welches auf anfordern berufenen Ortes sofort vorgelegt werden kann. Die kommende Technik dürfte auch jene gewaltige Überbrücke (Pontifex maximus) zwischen Religion und Wissenschaft zu schlagen vermögen, welche zur endgültigen Versöhnung dieser beiden Gegensätze führen muss. Auch *dieser* Traum der Menschheit als Jahrtausende altes Streben aller Einsichtsvollen, - schöpferischen Aufbau wollenden Menschen lässt sich in *Kürze* realisieren!

Der «energetische Gott» wird mit seinen segenspendenden Wirkungen auf Erden sichtbar allgegenwärtig sein und nicht mehr einen bloß *abstrakten* Begriff religiöser Dogmatik darstellen. Die Vital-Elektrizität als *Lebensenergie*, wird auch gesundheitlich eine neue Ära in der Menschheitsentwicklung anbahnen. Was die alten Römer unter ihren «*Penaten*» (gütigen Hausgeistern) symbolisch verstanden, tritt uns in Form der Urkraft-Elemente greifbar vor Augen!

Die *psychische* Komponente des Vril - als vital-schöpferische Funktion - verbürgt uns die zwangsläufige Anbahnung einer neuen Ethik und

Moral. «*Gott*» will in seiner ganzen Macht und Herrlichkeit - als «Urkraft» - mit seinen Menschensöhnen die «Vollendung im Geiste» einleiten. So soll es sich erfüllen, was uns vor vielen Jahrhunderten vorausgesagt wurde, dass «wenn sich Himmel und Erde küssen, (berühren!) das Reich Gottes auf Erden geboren wird!» - Diese geheimnisvolle Prophezeiung ist von der dynamischen Technik bereits realisiert worden, da makrokosmische, dynamische Wirkungen - mikrokosmisch in unseren dynamischen Elementen aufscheinen! Obwaltende wirtschaftliche Missstände treiben gewaltsam zur Katastrophe! Die Not ist im Ansteigen begriffen und es darf keine Zeit verloren werden, das Gespenst drohenden Zusammenbruches unverzüglich zu bannen!

Es muss jedem einsichtsvollen Deutschen klar sein, dass unsere Bestrebungen vollkommen ernst zu nehmen sind und wir nicht darauf ausgehen, aus unserer Entdeckung persönlich Kapital zu schlagen. Bei geringem Nachdenken wird man wohl zugeben müssen, dass wir der Menschheit keinen Bluff vormachen - und ermangelt eventuellen Verleumdern jede Möglichkeit, uns selbstsüchtige, eigennützige Motive anzudichten. Bluff geht immer auf Schwindel aus - und durch jeden Schwindel soll stets irgendwie «Geld gemacht» werden! Wir stellen aber keinerlei geldliche Forderungen, im Gegenteil, wir lehnen jedes Anerbieten «zwecks *industrieller* Verwertung» der Urkraft grundsätzlich ab und tragen unsere Entdeckung dem deutschen Volke als *Geschenk* an! *Mehr* Uneigennützigkeit kann wohl nicht verlangt werden. Uns liegt daran, das Vril zum *Segen* des ganzen Erdballs der Menschheit wiederzubringen und ihr dienstbar zu machen. Als Deutsche erachten wir es jedoch als unsere vornehmste Pflicht, Errungenschaften «deutschen Geistes» zuerst nur dem *deutschen Wiederaufbau* zur Verfügung zu stellen! In der Folge wird zur gegebenen Zeit das Vril aber der ganzen Menschheit dienstbar sein und auch die große Versöhnung *aller* Nationen und Völker verwirklichen! Reichsarbeitsgemeinschaft «Das kommende Deutschland». Eine große helfende Tatgemeinschaft kommt im Deutschen Reiche herauf!

Der schöpferische Mensch wird angebahnt - und «Wissende» weisen gangbare Wege zur praktischen Erziehung der uranischen Strahlungsmenschen!

Die Zeit der Uraniden will anbrechen! In allen Städte Deutschlands werden Arbeitszellen geschaffen und diese Zellen in der Reichshauptstadt zu einer zentralen Einheit zusammengeschlossen. Jeder Deutsche ist uns zur Mitarbeit erwünscht und *kein* Deutschfühlender erscheint etwa zu gering!

Die Gemeinschaft selbst ist absolut *unpolitisch* und *unparteiisch* und arbeitet schöpferisch im Sinne steter *Förderung* des *Tatguten aller Religionen* an der Heraufbringung des Übermenschen. Jeder «Suchende», ohne Unterschied des Geschlechts und seiner sozialen Stellung ist uns willkommen und wende sich an unser Zentralbüro Berlin W 57, Pallasstraße 7/1.

Nun reichen wir Ihnen die tatfördernde Bruderhand zum geistigen Bunde und wollen gern als «*Dienende*» mit Ihnen aufbauschaffend *arbeiten*!

So haben wir uns alle nur als «*Dienende*» der Tatgemeinschaft aufzufassen, die im Dienste «des Erhabensten aller strahlend Dienenden» - des *Allgeistes* - stehen. Jetzt wachse das in die Menschenbrust gesäte Tatkorn wurzeltreibend zum «Tat-Weltbaum», der - so die Allkraft will - bald eine große Tatgemeinschaft segenspendend überschattet! Auf unseren Bannern strahlt in flammenden Lichtlettern die «Tat-Rune» und leitet uns zum hehren Siege der naturbeherrschenden Uraniden! Und unsere Parole lautet:

«Durch Tat-Strahlung - - frei!!»

Den strahlend wollenden Menschen aber die Wartung der strahlenden «Urkraft-Zellen!»

So werde in Bälde *Wirklichkeit*, was unzählige «*Suchende*» als heiligste Ahnung in tiefster Brust *hegen*! Und *Gott* ist *Geist*, ist schöpferische Strahlungsmacht! Doch vor allem: «Alles verzeihende – weil um alles wissende Liebe!»

Hinweis auf weitere Publikationen:

Im Auftrag der Reichsarbeitsgemeinschaft erscheint unser offizielles Mitteilungsorgan unter dem Titel Zeitschrift für Weltdynamismus Einführung in die Biotechnik und die Broschüre «Weltdynamismus - Streifzüge durch technisches Neuland an Hand biologischer Symbole!» Ferner wird empfohlen «Logos und Bios» von Fritz Klein als grundlegendes philosophisches Werk.

Das Geheimnis des Pater Ernetti

Die Zeitmaschine im Vatikan

Unterdrückt der Vatikan eine ungeheuerliche Erfindung?

Befinden sich in einem Schweizer Tresor die Reste einer Apparatur, die unsere Geschichte auf den Kopf stellt?

Bis zu seinem Tod beteuerte der italienische Benediktiner-Pater Emilio Ernetti, eine »Zeitmaschine« konstruiert zu haben, mit er es möglich war, in die Vergangenheit zu schauen. Mehrmals wurde er deswegen vor die höchsten kirchlichen Würdenträger zitiert, um in geheimen Sitzungen über das Schicksal Jesu zu berichten.

Mit detektivischem Eifer folgte der französische Pater François Brune der Fährte seines Freundes, um mehr über die geheimnisvolle Erfindung herauszufinden. Seine Spurensuche führte ihn bis ins Büro des früheren italienischen Ministerpräsidenten.

Pater François Brune wurde 1931 in Vernon (Frankreich) geboren. In Paris und Tübingen studierte er Philosophie und Theologie. Später erhielt er ein Diplom in Latein und Griechisch an der Sorbonne in Paris. Weiter studierte er die Heilige Schrift am Biblischen Institut von Rom. Parallel dazu verfasste er etliche Sachbücher über mystische und religiöse Themen.

Bestellungen unter: www.hesper-verlag.de · Tel. 06 81 / 83 19 043

Autor: François Brune
Verlag: Hesper-Verlag
Übersetzung: Sabine Glocker/
Prof. Dr. Ernst Senkowski

Seiten: 160, Softcover
ISBN: 978-3-9813262-2-2
Preis: 17,90 Euro

Hesper